国家出版基金项目
NATIONAL PUBLICATION FOUNDATION

新时代马克思主义经典文献精学导读丛书

主编/顾海良

《1848年至1850年的法兰西阶级斗争》和《法兰西内战》精学导读

梅荣政　陈留根◎著

科学出版社
北京

内 容 简 介

《1848 年至 1850 年的法兰西阶级斗争》和《法兰西内战》是集中、完整阐述马克思主义政治革命理论和国家学说的论著，在马克思主义发展史上占据着重要地位。本书结合《1848 年至 1850 年的法兰西阶级斗争》和《法兰西内战》的写作背景、产生过程、主要内容，深入阐述了马克思、恩格斯关于社会政治革命、阶级斗争、无产阶级专政、过渡时期理论等重大问题的基本思想和观点。本书力图在新时代背景下激活《1848 年至 1850 年的法兰西阶级斗争》和《法兰西内战》的理论穿透力和强大生命力，在全面阐述中国共产党对这两部著作基本思想的忠实遵循和创新发展的基础上突出其现实指导意义。

本书适合马克思主义理论类专业的本科生、研究生，以及广大党员干部和对马克思主义理论感兴趣的人士阅读。

图书在版编目(CIP)数据

《1848 年至 1850 年的法兰西阶级斗争》和《法兰西内战》精学导读 / 梅荣政，陈留根著. —北京：科学出版社，2022.10

（新时代马克思主义经典文献精学导读丛书 / 顾海良主编）

国家出版基金项目

ISBN 978-7-03-073030-5

Ⅰ. ①1…　Ⅱ. ①梅…　②陈…　Ⅲ. ①马克思著作研究　Ⅳ. ①A811.22

中国版本图书馆 CIP 数据核字(2022)第 161331 号

责任编辑：刘英红 / 责任校对：贾娜娜
责任印制：霍　兵 / 封面设计：润一文化

科学出版社 出版
北京东黄城根北街 16 号
邮政编码：100717
http：//www.sciencep.com

天津市新科印刷有限公司 印刷
科学出版社发行　各地新华书店经销

*

2022 年 10 月第　一　版　开本：720 × 1000　1/16
2022 年 10 月第一次印刷　印张：11
字数：113 000

定价：45.00 元

（如有印装质量问题，我社负责调换）

丛书编委会

总　　序

“新时代马克思主义经典文献精学导读”是根据新时代学习马克思主义经典著作的需要，对各主要的经典著作所蕴含的马克思主义基本原理及其精神实质作出学习和研究性导读。

马克思主义基本原理是马克思主义的理论精粹，体现了马克思主义的根本性质和整体特征，体现了马克思主义立场观点方法的核心要义，体现了马克思主义科学性、人民性、实践性和时代性的思想特征。习近平总书记指出：“掌握马克思主义，最重要的是掌握它的精神实质，运用它的立场、观点、方法和基本原理分析解决实际问题。”[①]在坚持和发展中国特色社会主义中，我们说“老祖宗”不能丢，在根本上就是马克思主义基本原理不能丢。

马克思主义基本原理深刻地蕴含于马克思主义经典著作之中；马克思主义经典著作是马克思主义基本原理的思想本源和理论基础。同时，马克思主义经典著作也蕴藏着马克思主义经典作家汲取人类探索真理的丰富的思想成果，深刻展现了马克

---

① 习近平：《中国共产党 90 年来指导思想和基本理论的与时俱进及历史启示》，《学习时报》2011 年 6 月 27 日。

思主义经典作家攀登科学高峰、矢志追求真理的精神境界。深入研读马克思主义经典著作是理解和掌握马克思主义基本原理的必修课，也是理解和掌握马克思主义理论体系的基本功。如习近平总书记所指出的："共产党人要把读马克思主义经典、悟马克思主义原理当作一种生活习惯、当作一种精神追求，用经典涵养正气、淬炼思想、升华境界、指导实践。"[①]

"马克思主义就是我们共产党人的'真经'，'真经'没念好，总想着'西天取经'，就要贻误大事！"[②]在提到学习《共产党宣言》的重要意义时，习近平总书记提出："广大党员、干部特别是高级干部要学好用好《共产党宣言》等马克思主义经典著作，坚持学以致用、用以促学，原原本本学，熟读精思、学深悟透，熟练掌握马克思主义立场、观点、方法，不断提高马克思主义理论素养。"[③]理论联系实际，在深化马克思主义经典著作研究阐释中，"推进经典著作宣传普及，让理论为亿万人民所了解所接受，画出最大的思想同心圆"[④]。

"新时代马克思主义经典文献精学导读"对各经典著作的研究阐释，由北京大学、中国人民大学、北京师范大学等高校马克思主义学院从事马克思主义经典著作教学和研究的学者担

---

① 《十九大以来重要文献选编》上，中央文献出版社 2019 年版，第 434 页。

② 《习近平关于全面从严治党论述摘编》，中央文献出版社 2016 年版，第 66 页。

③ 习近平：《中国共产党是〈共产党宣言〉精神忠实传人》，《人民日报》2018 年 4 月 25 日。

④ 习近平：《深刻感悟和把握马克思主义真理力量 谱写新时代中国特色社会主义新篇章》，《人民日报》2018 年 4 月 25 日。

纲。在对各经典著作的研究阐释中，首先力求对各经典著作形成的社会和历史条件作出准确解读，凸显相应的马克思主义基本原理形成和发展的思想基础和理论背景；其次力求对各经典著作理论内涵和精神实质作出系统导读，彰显新时代学习和实践相应的马克思主义基本原理的理论意义和现实意义；最后力求对经典著作中体现的科学原理和科学精神相结合的思想特征作出全面论述，更为深刻地理解“历史和人民选择马克思主义是完全正确的，中国共产党把马克思主义写在自己的旗帜上是完全正确的，坚持马克思主义基本原理同中国具体实际相结合、不断推进马克思主义中国化时代化是完全正确的”[①]。

“要以科学的态度对待科学，以真理的精神追求真理，不断赋予马克思主义以新的时代内涵。”[②]习近平新时代中国特色社会主义思想就是当代中国马克思主义，就是 21 世纪马克思主义。学习马克思主义经典著作，要同学习习近平新时代中国特色社会主义思想结合起来。在这一结合中，更为深刻地理解习近平新时代中国特色社会主义思想，更有定力、更有信心，也更加自觉、更加自信地坚持和发展新时代中国特色社会主义，确保中华民族伟大复兴的巨轮始终沿着正确航向破浪前行。

顾海良

2019 年 11 月 1 日

① 《十九大以来重要文献选编》上，中央文献出版社 2019 年版，第 427—428 页。

② 习近平：《深刻感悟和把握马克思主义真理力量　谱写新时代中国特色社会主义新篇章》，《人民日报》2018 年 4 月 25 日。

目　录

导　言

马克思的两部重要著作:《1848 年至 1850 年的法兰西阶级斗争》和《法兰西内战》，在马克思主义发展史上占据着重要地位。本书将对这两部著作的主要内容和理论贡献作出论述。这里先讨论《法兰西内战》再版和《1848 年至 1850 年的法兰西阶级斗争》出版的情况，以及恩格斯为这两部著作撰写的两篇导言的理论贡献。

1848 年欧洲革命后，欧洲进入相对和平发展时期，无产阶级政党普遍建立，马克思主义得到广泛传播和系统阐发。但是，这一时期，随着欧洲社会形势和无产阶级运动的变化，各种社会主义派别纷纷登场，马克思主义在资本主义相对和平的发展时期遇到新的挑战，受到错误思潮（思想）的冲击。1891 年，为纪念巴黎公社革命 20 周年，《法兰西内战》再版，恩格斯为其撰写了导言。在导言中，针对当时风行一时、威势逼人的右倾机会主义谬论，恩格斯深度剖析了资产阶级民主共和国的实质，批判了党内议会迷对其顶礼膜拜之卑劣。恩格斯首先充分肯定了马克思在《法兰西内战》中阐明的基本思想，高度评价"这一著作揭示了巴黎公社的历史意义，并且写得简洁有力而又那样尖锐鲜明，尤其是那样真实，是后来关于这个问题的全部浩繁文献都望尘莫及的”[1]。

恩格斯站在时代发展的高度，根据巴黎公社革命 20 年后的新情况，认为对马克思在《法兰西内战》中阐发的基本思想还需要作些补充。他指出：“如果我们今天在过了 20 年之后来回顾一下 1871 年巴黎公社的活动和历史意义，我们就会发觉，对《法兰西内战》中的叙述还应作一些补充。”[2]恩格斯着重“补充”了三点。一是要以新的真正民主的国家政权代替旧的国家政权。恩格斯认为，关于这一点，马克思在《法兰西内战》第三章中已经作了详细的说明，但还应该进一步细化和确认。恩格斯指出：“公社一开始想必就认识到，工人阶级一旦取得统治权，就不能继续运用旧的国家机器来进行管理；工人阶级为了不致失去刚刚争得的统治，一方面应当铲除全部旧的、一直被利用来反对工人阶级的压迫机器，另一方面还应当保证本身能够防范自己的代表和官吏，即宣布他们毫无例外地可以随时撤换。”[3]二是如何保持民主的国家政权。恩格斯认为，以往“社会为了维护共同的利益，最初通过简单的分工建立了一些特殊的机关。但是，随着时间的推移，这些机关——为首的是国家政权——为了追求自己的特殊利益，从社会的公仆变成了社会的主人。这样的例子不但在世袭君主国内可以看到，而且在民主共和国内也同样可以看到”[4]。恩

① 《马克思恩格斯文集》第 3 卷，人民出版社 2009 年版，第 100 页。
② 《马克思恩格斯文集》第 3 卷，人民出版社 2009 年版，第 107 页。
③ 《马克思恩格斯文集》第 3 卷，人民出版社 2009 年版，第 110 页。
④ 《马克思恩格斯文集》第 3 卷，人民出版社 2009 年版，第 110 页。

格斯以美国为例进行了说明。恩格斯指出："那里没有王朝，没有贵族，除了监视印第安人的少数士兵之外没有常备军，不存在拥有固定职位或享有年金的官僚。然而我们在那里却看到两大帮政治投机家，他们轮流执掌政权，以最肮脏的手段来达到最肮脏的目的，而国民却无力对付这两大政客集团，这些人表面上是替国民服务，实际上却是对国民进行统治和掠夺。"①与美国存在本质区别的巴黎公社或未来的民主国家是怎样避免这种现象的呢？恩格斯指出，为了防止国家和国家机关由社会的公仆变为社会的主人，巴黎公社主要采取了两个可靠的办法："第一，它把行政、司法和国民教育方面的一切职位交给由普选选出的人担任，而且规定选举者可以随时撤换被选举者。第二，它对所有公职人员，不论职位高低，都只付给跟其他工人同样的工资。"②恩格斯认为，正是这两个办法的实施，"即使公社没有另外给代表机构的代表签发限权委托书，也能可靠地防止人们去追求升官发财了"③，从而保持了真正的民主共和国的实现。三是破除人们对国家的迷信，建立无产阶级专政。恩格斯指出，"正是在德国，来自哲学的对国家的迷信，已经进入到资产阶级甚至很多工人的一般意识之中"，"由此就产生了对国家以及一切同国家有关的事物的盲目崇拜。尤其是人们从小就习惯于认为，全社会的公共事务和公共利益只能像迄今为止那样，由国家和国家的地位优越的

① 《马克思恩格斯文集》第 3 卷，人民出版社 2009 年版，第 110 页。
② 《马克思恩格斯文集》第 3 卷，人民出版社 2009 年版，第 111 页。
③ 《马克思恩格斯文集》第 3 卷，人民出版社 2009 年版，第 111 页。

官吏来处理和维护”[1]。这涉及国家的阶级本质、职能及其本质特征问题。那么国家究竟是什么呢？此时，《家庭、私有制和国家的起源》已经出版，恩格斯对国家的本质已经有了系统的完整的认识。所以恩格斯认为，人们尤其是无产阶级必须破除对国家的迷信和崇拜，认识到“国家无非是一个阶级镇压另一个阶级的机器，而且在这一点上民主共和国并不亚于君主国。国家再好也不过是在争取阶级统治的斗争中获胜的无产阶级所继承下来的一个祸害”[2]。意即剥削阶级国家具有官僚性、压迫性、寄生性、腐朽性、掠夺性等。因而，无产阶级应该同公社一样，“立即尽量除去这个祸害的最坏方面，直到在新的自由的社会条件下成长起来的一代有能力把这国家废物全部抛掉”。[3]恩格斯针对当时社会民主党人对“和平”的议会道路的向往和痴迷，认为无产阶级必须以巴黎公社为样板，建立无产阶级专政这种国家政权形式。恩格斯指出：“先生们，你们想知道无产阶级专政是什么样子吗？请看巴黎公社。这就是无产阶级专政。”[4]

《1848年至1850年的法兰西阶级斗争》出版的情况更复杂一些。1895年1月30日，德国社会民主党《前进报》出版社经理理查·费舍写信给恩格斯，建议把马克思在1850年《新莱茵报·政治经济评论》上发表的，论述法国1848年革命的三篇

① 《马克思恩格斯文集》第3卷，人民出版社2009年版，第111页。
② 《马克思恩格斯文集》第3卷，人民出版社2009年版，第111页。
③ 《马克思恩格斯文集》第3卷，人民出版社2009年版，第111页。
④ 《马克思恩格斯文集》第3卷，人民出版社2009年版，第111—112页。

文章编成单行本出版，并请恩格斯写一篇导言。理查·费舍还提出，考虑到德国有可能通过所谓反颠覆法，希望此书至迟能在 1895 年 3 月出版。虽然时间较为紧张，恩格斯还是同意了理查·费舍的请求。恩格斯当时提出，为了体现马克思思想的完整性，还要增加一篇文章，即马克思和恩格斯为《新莱茵报·政治经济评论》第 5 期和第 6 期合刊撰写的《时评·1850 年 5—10 月》中马克思写的关于法国革命的那部分内容。恩格斯给这部分内容加了“1850 年普选权的废除”的标题，作为这一单行本的第四章。这个小册子被定名为《1848 年至 1850 年的法兰西阶级斗争》，以凸显这四篇文章的主题思想。在恩格斯写好导言后，理查·费舍于 1895 年 3 月 6 日受德国社会民主党执行委员会的委托给恩格斯写信，以当时德意志帝国国会正在讨论所谓反颠覆法草案为由，请求恩格斯按照社会民主党执行委员会的意见，对导言进行修改。恩格斯虽然十分不理解社会民主党执行委员会的所谓担忧，在表示不认同社会民主党意见的前提下对导言进行了一定删改，但是令恩格斯没有想到的是，在《1848 年至 1850 年的法兰西阶级斗争》出版之前，在未经他同意的情况下，《前进报》在 1895 年 3 月 30 日发表了题为《目前革命应怎样进行》的社论，从导言中断章取义地摘录了几段话，对他的观点作了严重歪曲。恩格斯表示坚决反对，他在 1895 年 4 月 1 日给考茨基的信中指出：“今天我惊讶地发现，《前进报》事先不通知我就发表了我的《导言》的摘录，在这篇经过修饰整理的摘录中，我成了一个温顺平和、无论如何都要守法的人。我特别希望《导言》现在能全文发表在《新时代》上，以消除这个可耻印象。我将非常明确地把我关于此事的意见告诉李卜克内西，也告诉那些（不管是谁）事先对我只字未提而给他这种机会来歪曲我的观点的人。”[①]在恩格斯的强烈要求下，1894—1895 年《新时代》杂志第 13 年卷第 2 册第 27 期和第 28 期连载了恩格斯撰写的导言，但是发表的还是恩格斯在单行本中有过删改的内容。

在为《1848 年至 1850 年的法兰西阶级斗争》撰写的导言中，恩格斯根据资本主义社会发展的新情况，重新审视了无产阶级的革命进程和斗争形势，注意到普选权这一无产阶级新的斗争武器。恩格斯认为，由于阶级斗争的条件已经发生了根本的变化，旧式的起义方式在新的历史条件下已经不合时宜了。恩格斯在该导言中实现了理论上的创新，主要表现在四个方面。一是恩格斯认为，当时欧洲的资本主义还有发展的潜力，欧洲革命的时机尚不成熟，社会主义代替资本主义将是一个长期而复杂的历史过程。这是对以前一直渴望大决战来临思想的突破。恩格斯指出，当时社会主义者的国际大军与之前相比已经有了很大的发展，但“还远不能以一次重大的打击取得胜利，而不得不慢慢向前推进，在严酷顽强的斗争中夺取一个一个的阵地”，因而“这就彻底证明了，在 1848 年要以一次简单的突然

① 《马克思恩格斯文集》第 10 卷，人民出版社 2009 年版，第 699 页。

袭击来实现社会改造，是多么不可能的事情”[①]。二是资本主义国家城市的发展，街道修得笔直，再加上资产阶级军队的武器现代化，已极不利于工人的街垒战。在这种条件下，不到与资产阶级决战之时，不能把工人引到枪响剑鸣的地方，以避免无谓的牺牲。三是根据资本主义形势的新变化，特别是看到 19 世纪晚期欧洲社会主义运动合法斗争取得的重要进展，恩格斯认为，无产阶级可以利用好普选权这一崭新的斗争方式。恩格斯在导言中深入分析了合法斗争的“好处”，他认为，只要善于利用合法斗争，就会发现“在资产阶级用来组织其统治的国家机构中，也有一些东西是工人阶级能够用来对这些机构本身作斗争的”，无产阶级的合法斗争取得很大的成效，以至于“弄得资产阶级和政府害怕工人政党的合法活动更甚于害怕它的不合法活动，害怕选举成就更甚于害怕起义成就”[②]。四是恩格斯认为，无产阶级政党革命策略的重心应该转向引领群众对社会主义的认识上。恩格斯指出：由“自觉的少数人”带领着“不自觉的群众”实现革命的时代已经过去了。现在“凡是要把社会组织完全加以改造的地方，群众自己就一定要参加进去，自己就一定要弄明白这为的是什么，他们为争取什么而去流血牺牲。近 50 年来的历史，已经教会了我们认识这一点。但是，为了使群众明白应该做什么，还必须进行长期的坚持不懈的工作”[③]。这

① 《马克思恩格斯文集》第 4 卷，人民出版社 2009 年版，第 541 页。
② 《马克思恩格斯文集》第 4 卷，人民出版社 2009 年版，第 545 页。
③ 《马克思恩格斯文集》第 4 卷，人民出版社 2009 年版，第 549—550 页。

即是说无产阶级政党的工作重心，是要“在思想观念层面扎实地做好工作，努力提高群众对社会主义的认识，使社会主义运动真正成为无产阶级有自觉意识和主体性的自我解放运动”[①]。

这里需要特别指出的是，恩格斯在《1848年至1850年的法兰西阶级斗争》的导言中阐发的在新的历史条件下无产阶级革命可以采取新的策略的思想，同所谓他主张无产阶级可以放弃暴力革命进入社会主义社会的思想是完全不同的。那种根据导言把恩格斯描绘成“和平长入社会主义”的倡导者更是无稽之谈。恩格斯的话很明确，不容歪曲。他指出，“当时欧洲大陆经济发展的状况还远没有成熟到可以铲除资本主义生产的程度”[②]。因而，根据当时欧洲资本主义的发展状况及阶级力量对比情况，他在导言中论述了合法斗争的重要性，并对当时社会民主党采取合法斗争的策略采取了肯定的态度，认为采取合法斗争既可以团结工人阶级，又可以看清自身的力量，以较小的牺牲争得无产阶级的权利。但是，需要指出的是，恩格斯认为，“无产阶级政党利用资本主义社会的合法性开展无产阶级斗争是有原则、有前提条件的”[③]。恩格斯自始至终都没有放弃革命权这一无产阶级唯一的真正历史权利，从当时恩格斯与其他人

① 孙玉霞：《恩格斯晚年理论创新的核心原则及其当代意义——基于〈卡·马克思《1848年至1850年的法兰西阶级斗争》一书导言〉的分析》，《马克思主义研究》2021年第1期。

② 《马克思恩格斯选集》第4卷，人民出版社2012年版，第384页。

③ 顾海良：《恩格斯关于无产阶级革命和策略问题的最后“遗嘱”》，《学习与探索》2020年第10期。

的通信中可以清楚地看出这一点。例如，1895 年 3 月 8 日，他给理查·费舍的信中指出：“我不能容忍你们立誓忠于绝对守法，任何情况下都守法，甚至在那些已被其制定者违犯的法律面前也要守法，简言之，即忠于右脸挨了耳光再把左脸送过去的政策”，并告诫德国社会民主党，“如果你们宣扬绝对放弃暴力行为，是决捞不到一点好处的。没有人会相信这一点，也没有一个国家的任何一个政党会走得这么远，竟然放弃拿起武器对抗不法行为这一权利”[①]。

从恩格斯的《1848 年至 1850 年的法兰西阶级斗争》的导言诞生以来，在马克思主义发展史上，就一直有人对该导言的思想进行粗暴歪曲，恩格斯本人对此进行了坚决的回击。比如，意大利资产阶级学者博维奥当时就把恩格斯通过选举和议会活动以壮大革命力量的论述，歪曲为其主张通过在议会中取得多数来取得政权。恩格斯回应说：“我根本没有说过什么‘社会党将取得多数，然后就将取得政权’。相反，我强调过，十之八九我们的统治者早在这个时候到来以前，就会使用暴力来对付我们了；而这将使我们从议会斗争的舞台转到革命的舞台。”[②]至于近年来有人又旧调重弹，甚至把恩格斯说成是民主社会主义者、放弃共产主义目标者等，这都是历史的回声虫，了无新意。

① 《马克思恩格斯文集》第 10 卷，人民出版社 2009 年版，第 686 页。
② 《马克思恩格斯全集》第 22 卷，人民出版社 1965 年版，第 327 页。

第一章 完整论述马克思主义社会政治革命论的经典

——《1848年至1850年的法兰西阶级斗争》

《1848年至1850年的法兰西阶级斗争》是恩格斯1895年应德国社会民主党《前进报》出版社经理理查·费舍之邀，整理的马克思关于法国1848年革命的一组文章。恩格斯认为，它"是马克思用他的唯物主义观点从一定经济状况出发来说明一段现代历史的初次尝试"[①]。这部著作从经济状况和阶级关系方面研究了1848年至1850年法国革命爆发的原因、性质、过程和影响，是一部完整论述马克思主义社会政治革命思想的经典之作。

一、马克思对法国革命经验的科学总结和理论概括

法国历史和政治实践是马克思始终关注的对象，是马克思理论研究的重要领域。恩格斯指出："马克思不仅特别热衷于研究法国过去的历史，而且还考察了法国时事的一切细节，搜集

① 《马克思恩格斯选集》第4卷，人民出版社2012年版，第378页。

材料以备将来使用。”[1]法国 1848 年革命爆发后，马克思投入极大的精力关注这一重大历史事件，对法国革命经验进行了科学总结和理论概括。

1. 18 世纪 70 年代至 19 世纪 70 年代法国在欧洲的政治地位

18 世纪 70 年代至 19 世纪 70 年代，法国是欧洲政治运动的中心。从 1789 年法国大革命始，到 1871 年巴黎公社革命终，在这不到一百年的时间里，法国先后经历了五次大规模革命（1789 年法国大革命、1830 年七月革命、1848 年革命、1870 年革命、1871 年巴黎公社革命），出现了两个帝国、两个王朝和三个共和国。这在世界其他地方是不曾出现过的。一次又一次的革命、起义和政变，不仅延续了法国的政治传统，也使法国成为近代欧洲的政治运动中心。

法国成为 18 世纪 70 年代至 19 世纪 70 年代欧洲政治运动的中心不是偶然的。恩格斯指出：“法国是这样一个国家，在那里历史上的阶级斗争，比起其他各国来每一次都达到更加彻底的结局；因而阶级斗争借以进行、阶级斗争的结果借以表现出来的变换不已的政治形式，在那里也表现得最为鲜明。”[2]具体来说可以从以下几个方面加以探讨。

① 《马克思恩格斯选集》第 1 卷，人民出版社 2012 年版，第 667 页。
② 《马克思恩格斯选集》第 1 卷，人民出版社 2012 年版，第 666 页。

首先，法国具有强烈的革命传统。在欧洲主要国家中，法国是唯一横跨欧洲南部和北部的国家，其独特的地理位置造就了它的政治利益诉求必然要照顾到两部分欧洲的利益。因而，历史上，法国对潜在的竞争对手一般采取先发制人的态度。一旦发现其他国家威胁到它的利益，法国就会先行开展打击。因而，法国历史上与别的国家战争不断。同时，法国气候宜人，水资源丰富，自古以来人口稠密，内部矛盾运动不断，而要镇压社会冲突，进行有效的国内统治，就需要有一个强有力的政权。这两者交互作用，造成了法国国内斗争和对外斗争不断，也造成了法国强烈的革命传统。在中世纪，法国是欧洲封建制度的中心。比如，波旁王朝时期，法国统治者奉行王权至上和集权统治，疯狂打压反对派，同时四处征战，再加上君主奢华浪费、挥霍无度，社会存在严重的阶级对立。阶级矛盾和阶级斗争使法国国家机器日臻强大。然而，哪里有压迫，哪里就有反抗。1789 年法国大革命最终爆发。1789 年后，法国成为欧洲历次政治革命的发源地，其政治革命被霍布斯鲍姆称为“双元革命”之一。但法国大革命并没有解决一切问题，只是将国家由君主专制改成了君主立宪，随后又有法兰西第一共和国（1792—1804）、法兰西第一帝国（1804—1815）、波旁王朝复辟（1815—1830）等。直到 1830 年的七月革命，法国资产阶级才实现了它 1789 年的愿望，封建主义才在欧洲大陆开始衰亡。“但是，从 1789 年开始的法国革命的生命史到 1830 年并没有结束。”[①]进入近代以来，法国的历史是一部不断革命的历史。霍布斯鲍姆将马克思生活的时代称为“革命的年代”，即英国工业革命和法国革命的时代。事实确实如此。

其次，法国具有独特的阶级结构和权力配置方式。法国大革命彻底击碎了封建制度，建立了纯粹的资产阶级统治。英国的工业革命和法国的政治革命相互推进，促进了资产阶级在欧洲和世界范围内的统治。资产阶级在它统治的不到一百年的时间里创造了巨大的生产力。但资本主义社会的内在矛盾逐渐显露：周期性的经济危机频繁爆发，资产阶级和无产阶级的矛盾日益尖锐。伴随着资本主义的发展，资本主义社会内部斗争不断。1848 年欧洲革命是一次范围广泛、影响深远的资产阶级民主革命，它既与以往的资产阶级革命一样，是欧洲资本主义政治经济发展的必然产物，又与以往资产阶级民主革命存在不同，在这次革命中，无产阶级作为一支独立的政治力量开始登上历史的舞台。法国的阶级结构和权力配置方式更是推进了法国政治革命的彻底性。对此，恩格斯曾经指出：“英国资产阶级到现在为止还是在前进的道路上；他们还必须推翻贵族和享有特权的僧侣；他们将不得不实行一系列只有他们才能胜任的进步措施。但是法国资产阶级的情况就不同了。法国既没有世袭贵族

① 《马克思恩格斯文集》第 1 卷，人民出版社 2009 年版，第 326 页。

也没有土地贵族。”[①]这是法国资产阶级革命有利的一面。但是，法国的阶级结构有它的特殊性，就是“大部分法国资产阶级，特别是中小资产阶级不能不看到，现在的选民越来越变成一小撮银行家、交易所经纪人、铁路股票投机家、大工业家、地主和矿主的恭顺仆从了，而政府所唯一关心的也正是这一小撮人的利益”[②]。这说明，法国资产阶级和无产阶级的矛盾更加尖锐，斗争当然会更加激烈。事实也正是如此，虽然法国 1848 年革命是资产阶级民主革命，但是法国的资产阶级改革运动不是法国运动的全部，恰恰相反，法国工人运动也在不断发展，并空前活跃起来。“这里的工人比过去任何时候都更加深深地感到必须进行革命，而且是远比第一次更为彻底、更为激烈的革命。然而他们从 1830 年的经验中懂得，单靠武装斗争是不够的；在击溃敌人以后还必须采取措施来巩固自己的胜利，这些措施不仅要摧毁资本的政治力量而且还要摧毁它的社会力量，不仅要保证工人的政治力量而且还要保证他们的社会福利。因此，他们非常沉着地等待时机，但同时又认真地从事于一些社会经济问题的研究，这些问题的解决会使他们知道只有采取哪些措施才能为一切人的幸福生活打下巩固的基础。”[③]所以恩格斯总结说，法国“正在上升的无产阶级反对占统治地位的资产阶级的斗争，在这里也以其他各国所没有的尖锐形式表

① 《马克思恩格斯全集》第 4 卷，人民出版社 1958 年版，第 205 页。
② 《马克思恩格斯全集》第 4 卷，人民出版社 1958 年版，第 394 页。
③ 《马克思恩格斯全集》第 4 卷，人民出版社 1958 年版，第 401—402 页。

现出来”[①]。

最后，法国具有独特的民族特质。法国成为欧洲政治运动的中心也与法兰西民族的民族特质息息相关。对法国革命史颇有研究的法国著名的历史学家、政治学家托克维尔对此曾有深刻论述。托克维尔认为，如果说英国推崇经验和契约，德国崇尚理性与秩序，那么法国则弥漫着激情与叛逆。托克维尔认为，法国这个民族本身就是这么一个矛盾综合体：它在行动中如此充满对立，如此爱走极端，任感情摆布；它总是比人们预料的更好或更坏，时而在人类的一般水准之下，时而又大大超过一般水准；它的日常思想和好恶又是那样多变，以致最后变成连自己也料想不到的样子，甚至对它刚刚做过的事情，常常像陌生人那样感到吃惊；当人们放手任其独处时，它最喜欢深居简出，最爱因循守旧，一旦有人把它从习惯中拉出来，它就准备走到天涯海角，无所畏惧。它崇尚机遇、力量、成功、光彩和喧闹，胜过真正的光荣；它长于英雄行为，而非德行，长于天才，而非常识，它适于设想庞大的规划，而不适于圆满完成伟大的事业；它是欧洲民族中最光辉、最危险的民族，天生就适于变化，时而令人赞美，时而令人仇恨，时而令人怜悯，时而令人恐怖。正是这种矛盾特质的交织，最终点燃了整个法兰西民族的熊熊烈火，造就了一场如此突然、如此彻底、如此迅猛，

① 《马克思恩格斯选集》第 1 卷，人民出版社 2012 年版，第 667 页。

然而又如此充满反复、矛盾和对立的革命。[①]托克维尔对法国具有革命传统而成为近代欧洲政治运动的中心的分析虽有失简单，也未真正把握住理解法国历史的钥匙，但他从民族特质或文化的角度分析历来法国革命的彻底性，还是有借鉴价值的。正是因为法兰西民族的这种特质和不断政治革命造成的变动不居的时局，使马克思对法国的历史和政治事件格外关注，写出了大量的关于法国政治实践的著作，《1848 年至 1850 年的法兰西阶级斗争》《路易·波拿巴的雾月十八日》《法兰西内战》等是其中的典型，这些著作有力地推动了马克思主义的发展。

2.《1848 年至 1850 年的法兰西阶级斗争》是透彻洞察和正确“理解法兰西第二共和国历史的钥匙”

1848 年 2 月，法国二月革命爆发，七月王朝在革命中倒台。由拉马丁、赖德律·洛兰等，以及工人代表组成了临时政府，宣布共和国成立。鉴于法国历史上已经存在过一个共和国（1792—1804），这一共和国史称法兰西第二共和国。恩格斯曾把《路易·波拿巴的雾月十八日》称为“理解法兰西第二共和国历史的钥匙”。作为分析和总结 1848 年法国革命实践的姊妹篇，这样的评价用之于《1848 年至 1850 年的法兰西阶级斗争》也是恰当的。它对法兰西第二共和国进行了

① 参见〔法〕托克维尔：《旧制度与大革命》，冯棠译，商务印书馆 2012 年版，第 246—247 页。

全面而翔实的描述，主要表现为以下几个方面。

第一，法兰西第二共和国的诞生。在“1848 年的六月失败”一章中，马克思具体分析了法国二月革命和第二共和国成立的原因。首先，七月王朝实行君主立宪制，维护大资产阶级利益，对内镇压人民革命，维护金融贵族利益，严重阻碍了法国工业革命的进一步发展，引起中下层资产阶级和工人的普遍不满。1830 年法国爆发七月革命，推翻了君主专制的波旁王朝，法国历史进入了七月王朝的统治时期。但是七月王朝统治时期“掌握统治权的不是法国资产阶级，而只是这个资产阶级中的一个集团：银行家、交易所大王、铁路大王、煤铁矿和森林的所有者以及一部分与他们有联系的土地所有者，即所谓金融贵族。他们坐上王位，他们在议会中任意制定法律，他们分配从内阁到烟草专卖局的各种公职”①。其次，七月王朝为维护自身利益，拒绝改革，统治阶级醉生梦死，贪图享乐。马克思曾指出，“任何细小的财政改革，都因银行家施加影响而遭到失败”②。这导致七月王朝统治时期法国工商业凋敝，中下层民众生活艰难。与此相反的是，统治阶级却生活奢靡，贪图享受，“金融贵族，不论就其发财致富的方式还是就其享乐的性质来说，都不过是流氓无产阶级在资产阶级社会上层的再生罢了”③。再次，世界经济危机和法国的经济困难。1845 年和 1846 年的马铃薯病害和

① 《马克思恩格斯文集》第 2 卷，人民出版社 2009 年版，第 80 页。
② 《马克思恩格斯文集》第 2 卷，人民出版社 2009 年版，第 82 页。
③ 《马克思恩格斯文集》第 2 卷，人民出版社 2009 年版，第 83 页。

歉收，以及 1847 年英国普遍的工商业危机加速了法国革命的进程，这些状况“使金融贵族的专制统治变得更加不堪忍受了”[①]。最后，由临时政府进而到共和国。法国二月革命胜利后，各党派采取妥协的态度建立了临时政府。在推翻七月王朝的斗争中，不同阶级都出了力，本来应该按其构成共同分享胜利的果实，但这些阶级的“利益是相互敌对的”。资产阶级不容许无产阶级分享胜利的果实，导致“临时政府中绝大多数是资产阶级的代表”。不过，有了斗争经验的工人不想像 1830 年七月革命那样被欺骗，“他们准备重新开始斗争，以武力强迫成立共和国”[②]。在无产阶级的强大压力下，临时政府不得不宣布成立共和国（法兰西第二共和国）。

第二，法兰西第二共和国的阶级结构及各阶级在革命中的表现。由于工业水平落后，法国的阶级结构非常复杂，除了工业资产阶级和无产阶级外，还存在金融资产阶级、高利贷资产阶级、小资产阶级和农民等，阶级矛盾更是复杂多样。这些阶级由于所处的经济地位不同，在革命中表现出迥异的态度。在二月革命中，以工人为主体的人民群众同资产阶级共和派联合进行了反对七月王朝的斗争，但各阶级在斗争中的目的和态度是不一样的。资产阶级共和派的目的是争取选举制度的某些改革，谋得本阶级政治上的地位，以便与金融贵族分享政权，因

① 《马克思恩格斯文集》第 2 卷，人民出版社 2009 年版，第 84 页。
② 《马克思恩格斯文集》第 2 卷，人民出版社 2009 年版，第 85 页。

而在斗争中表现得妥协动摇；而无产阶级则要求推翻资本的统治，寻求自身的解放，在斗争中表现出坚定性和彻底性。革命胜利后，革命的果实旋即落入资产阶级手中。此时的资产阶级又勾结金融贵族，共同反对无产阶级，导致3月17日和4月16日事件。3月17日，“无产阶级举行示威游行的最初目的，是要让临时政府回到革命轨道上来”[①]，但由于无产阶级的不成熟和资产阶级的阴谋，无产阶级斗争以失败而告终。虽然“巴黎无产阶级在这一天再度显示了自己强大的力量，但这只是加强了临时政府内外的资产阶级击破无产阶级的决心”[②]。法国小资产阶级的命运并不比无产阶级好些。小资产阶级永远在资产者和无产者之间摇摆。六月起义时，小资产阶级跟随资产阶级反对无产阶级。但随后获得胜利的资产阶级把斗争的矛头指向小资产阶级。1849年6月13日事件是小资产阶级的反抗，但小资产阶级的经济和社会地位决定了它们不可能触动资产阶级的统治。在6月13日事件爆发前，小资产阶级就对资产阶级抱有幻想，同时对无产阶级怀有戒心。对此，马克思评述指出，“至于民主派小资产阶级，它一向热衷的莫过于看到议会的亡灵们在它头上的云端里发生争斗。最后，民主派小资产阶级以及它的代表者山岳党，都想借议会内的起义达到自己的伟大目的：粉碎资产阶级的势力，而又不让无产阶级有行动自由，或只是

① 《马克思恩格斯文集》第2卷，人民出版社2009年版，第97页。
② 《马克思恩格斯文集》第2卷，人民出版社2009年版，第98页。

让它在远景中出现；利用无产阶级，但是不让它构成危险”[①]。

第三，法兰西第二共和国的实质。法兰西第二共和国存续的时间很短，从 1848 年 2 月 25 日[②]始至 1852 年 12 月 2 日路易·波拿巴[③]宣布成立帝国止，一共就 4 年多的时间。在这么短的时间内，第二共和国内部发生过诸多起义和斗争，据此虽然可以将其统治划分为多个时期或时段，但这些都没有改变共和国资产阶级统治的实质。二月革命后，各阶级相互妥协成立临时政府，但是这个临时政府的各关键部门均为资产阶级共和派分子操纵，并且无产阶级代表被排挤出政府。临时政府成立后，资产阶级为装点门面，成立了所谓的无产阶级劳动部，把卢森堡宫作为会址，但是不拨经费，又把执行委员会中仅有的两名无产阶级代表任命为劳动部主席。这样一来，“临时政府中的资产阶级分子就把实际的国家政权和行政管理权完全掌握在自己手中了”[④]。马克思对这个“只能是一个软弱无力的部，只能是一个徒有善良愿望的部，只能是一个卢森堡宫委员会”[⑤]进行了讽刺，认为这个劳动部的设立就像“修建了一个社会主义的礼拜堂”[⑥]。随后，在无产阶级的强烈要求下，资产阶级被迫宣布成立共和国，并采取了一些措施，但“对他们来说，共和

① 《马克思恩格斯文集》第 2 卷，人民出版社 2009 年版，第 140—141 页。
② 马克思认为共和国真正开始的日期应当从 5 月 4 日算起。
③ 路易·波拿巴称帝后称拿破仑三世。
④ 《马克思恩格斯文集》第 2 卷，人民出版社 2009 年版，第 87 页。
⑤ 《马克思恩格斯文集》第 2 卷，人民出版社 2009 年版，第 88 页。
⑥ 《马克思恩格斯文集》第 2 卷，人民出版社 2009 年版，第 87 页。

国只不过是旧资产阶级社会的一件新舞衣罢了”[①]。对此，马克思深刻地评价道:“这不是巴黎无产阶级强令临时政府接受的那个共和国，不是设有社会机构的那个共和国，不是在街垒战士眼前浮现过的那个幻象。国民议会所宣告成立的、唯一合法的共和国，不是一种反对资产阶级制度的革命武器，而是在政治上对它实行的改造，是在政治上对资产阶级社会的重新加固，简言之，就是资产阶级共和国。”[②]路易·波拿巴上台后，采取更为卑劣的手段巩固大资产阶级和金融资产阶级的统治，反对和镇压无产阶级的斗争。

第四，法兰西第二共和国溃亡和第二帝国成立。马克思指出，法国 1848 年革命是沿着下降的路线进行的。根据普选权新选出的立法议会，秩序党占据着绝对的主体地位。秩序党内部又分为三派，各派都主张恢复帝制，但想法各异。正统派阴谋使波旁王朝复辟，奥尔良派则阴谋使奥尔良王朝复辟，路易·波拿巴派却阴谋自立为帝。在击退小资产阶级共和派后，秩序党颁布了一系列反民主的法令。为击溃秩序党中的正统派和奥尔良派，路易·波拿巴采取了一些非常下作的手段。比如，他于 1849 年成立了一个“十二月十日会”。这个团体名义上是个慈善会，实际上却是由巴黎流氓无产阶级组成的一些秘密宗派，“在这个团体里，除了一些生计可疑和来历不明的破落放荡者，

① 《马克思恩格斯文集》第 2 卷，人民出版社 2009 年版，第 90 页。
② 《马克思恩格斯文集》第 2 卷，人民出版社 2009 年版，第 99—100 页。

除了资产阶级中的败类和冒险分子，就是一些流氓、退伍的士兵、释放的刑事犯、脱逃的劳役犯、骗子、卖艺人、游民、扒手、玩魔术的、赌棍、皮条客、妓院老板、挑夫、下流作家、拉琴卖唱的、捡破烂的、磨刀的、补锅的、叫花子，一句话，就是被法国人称做浪荡游民的那个完全不固定的、不得不只身四处漂泊的人群”[①]。他们虽“能够做出轰轰烈烈的英雄业绩和狂热的自我牺牲，也能干出最卑鄙的强盗行径和最龌龊的卖身勾当”[②]。在控制军队后，路易·波拿巴于 1851 年 12 月 2 日发动政变，解散议会，建立专制政体，并于 1852 年 12 月 2 日自封皇帝。至此，法兰西第二共和国寿终正寝，法国进入第二帝国时期。

3.《1848 年至 1850 年的法兰西阶级斗争》一书的基本内容

《1848 年至 1850 年的法兰西阶级斗争》一书共有四章内容，在阐发这一阶段各个时期革命史实的基础上，对法国革命实践进行了概括和总结。

第一部分以“1848 年的六月失败”为题，重点分析了 1848 年二月革命和六月起义爆发的原因和过程，深入论述了六月起义失败的原因。这一部分主要阐明无产阶级专政的历史必然

① 《马克思恩格斯文集》第 2 卷，人民出版社 2009 年版，第 523 页。
② 《马克思恩格斯文集》第 2 卷，人民出版社 2009 年版，第 95 页。

性。马克思认为，无产阶级和资产阶级的矛盾是不可调和的。马克思指出，“资产阶级只允许无产阶级进行一种篡夺，即对于斗争权的篡夺”[①]，一旦无产阶级危及资产阶级的统治，资产阶级就会把斗争的矛头指向无产阶级。无产阶级绝不可能在资产阶级共和国内改善自己的处境，实现自己的目标。无产阶级要想改变自己的命运，必须丢掉幻想，建立自己的专政。二月革命后建立的临时政府和稍后的法兰西第二共和国，以及六月起义遭到资产阶级血腥镇压的事实有力地证明了这一点。

第二部分以“1849 年 6 月 13 日”为题，主要阐述资产阶级共和派和小资产阶级民主派溃败的过程。这一部分马克思揭露了资产阶级共和国的实质。资产阶级共和国只能是整个资产阶级纯粹而完满的统治形式，进一步发展了无产阶级专政的思想。马克思认为，企图依靠资产阶级实现劳动权，只能是可怜的善良的愿望。不过，这一部分的中心内容则是马克思对小资产阶级地位和特性的分析。由于当时法国的无产阶级还不成熟、农民阶级保守落后，法国小资产阶级在政治生活中占据着重要的地位。在二月革命中，小资产阶级帮助无产阶级进行斗争，但是革命之后，它成为资产阶级的追随者；在六月起义中，它又成为资产阶级镇压无产阶级的帮凶。马克思认为，当时法国小资产阶级的地位使它在斗争中处于左右摇摆、自相矛盾的状态中。失去无产阶级这个真正的盟友和群众支柱，小资产阶级终会碌碌无为。1849 年 6

① 《马克思恩格斯文集》第 2 卷，人民出版社 2009 年版，第 85 页。

月13日事件是小资产阶级的“典型式纯粹表现”，其结果是以失败而告终。

第三部分以“1849年6月13日事件的后果”为题，着重论述了6月13日事件后秩序党的分裂及其与路易·波拿巴的权力之争。这一部分的中心内容是马克思主义根据法国阶级斗争的历史事实论述了无产阶级领导权和工农联盟的思想。和这一中心内容相适应，马克思提出了“革命是历史的火车头”“不间断革命”等重要思想。资产阶级不单单是反对和压迫无产阶级，对农民阶级也一样。马克思提出，农民阶级和无产阶级的“剥削者是同一个：资本”[①]。因而，农民阶级和无产阶级要想改变自己的命运，只有“团结在作为决定性革命力量的无产阶级周围”[②]。同时，马克思指出，无产阶级要取得革命的胜利，必须同形形色色的非无产阶级革命的“社会主义”划清界限。与其他社会主义存在根本不同，无产阶级革命的“社会主义就是宣布不断革命，就是无产阶级的阶级专政，这种专政是达到消灭一切阶级差别，达到消灭这些差别所由产生的一切生产关系，达到消灭和这些生产关系相适应的一切社会关系，达到改变由这些社会关系产生出来的一切观念的必然的过渡阶段”[③]。

第四部分以“1850年普选权的废除”为题，揭露了资产阶级普选权的实质，阐发了无产阶级革命的条件。自1849年起法

① 《马克思恩格斯文集》第2卷，人民出版社2009年版，第160页。
② 《马克思恩格斯文集》第2卷，人民出版社2009年版，第164页。
③ 《马克思恩格斯文集》第2卷，人民出版社2009年版，第166页。

国经济趋于繁荣，资产阶级反动统治加强，废除了不能给无产阶级提供“更多东西”的普选权，无产阶级革命面临更为不利的境况。马克思、恩格斯指出：“在这种普遍繁荣的情况下，即在资产阶级社会的生产力正以在整个资产阶级关系范围内所能达到的速度蓬勃发展的时候，也就谈不到什么真正的革命。”[①]马克思、恩格斯认为，“新的革命，只有在新的危机之后才可能发生”[②]。不过，由于资本主义社会固有矛盾不能克服，马克思、恩格斯坚信，无产阶级革命一定会到来，他们指出：“新的革命正如新的危机一样肯定会来临。”[③]

4. 马克思对1848年至1850年法国革命经验的理论概括

《1848年至1850年的法兰西阶级斗争》在陈述1848年至1850年法国革命实践的基础上，对这一时期法国革命经验进行了理论的概括。

首先，把法国革命爆发的根本原因归结为经济因素。对法国革命的原因、性质和支配它发展的力量，当时的人们进行了多种分析。马克思在详尽研究了这次革命前法国的经济状况及由此决定的社会阶级关系后指出，法国革命之所以会爆发，根本原因在于法国的经济因素和日益尖锐的阶级矛盾。马克思指

① 《马克思恩格斯文集》第2卷，人民出版社2009年版，第176页。
② 《马克思恩格斯文集》第2卷，人民出版社2009年版，第176页。
③ 《马克思恩格斯文集》第2卷，人民出版社2009年版，第176页。

出："金融贵族颁布法律，指挥国家行政，支配全部有组织的社会权力机关，而且借助于这些现实状况和报刊来操纵舆论，与此同时，在一切地方，上至宫廷，下至低级的咖啡馆，到处都是一样卖身投靠，一样无耻欺诈，一样贪图不靠生产而靠巧骗他人现有的财产来发财致富；尤其是在资产阶级社会的上层，不健康的和不道德的欲望以毫无节制的、时时都和资产阶级法律本身相抵触的形式表现出来，在这种形式下，投机得来的财富自然要寻求满足，于是享乐变成放荡，金钱、污秽和鲜血汇为一流。"[①]与此形成鲜明对比的是，小资产阶级和农民阶级完全被排斥在政权之外，过着衣不遮体、食不果腹的生活。马克思指出："小资产阶级的所有阶层，以及农民阶级，都完全被排斥于政权之外。"[②]由此造成的结果就是小资产阶级和农民阶级不堪忍受金融贵族的统治。与此同时，这一时期，爆发了两次世界性的经济事件，一是"1845年和1846年的马铃薯病害和歉收，使得到处民怨沸腾"，二是"英国的普遍的工商业危机"[③]。这些因素相互叠加，尤其是"经济瘟疫造成的工商业的毁灭，使金融贵族的专制统治变得更加不堪忍受了"[④]。

其次，无产阶级革命为无产阶级政权的建立开辟了道路。革命是历史的火车头，但只有当革命成为无产阶级革命时，无

① 《马克思恩格斯文集》第2卷，人民出版社2009年版，第82—83页。
② 《马克思恩格斯文集》第2卷，人民出版社2009年版，第81页。
③ 《马克思恩格斯文集》第2卷，人民出版社2009年版，第84页。
④ 《马克思恩格斯文集》第2卷，人民出版社2009年版，第84页。

产阶级政权才能够建立。当时法国爆发的革命不是无产阶级革命，因为当时法国无产阶级的力量还很弱小，马克思指出："当革命发生时，法国无产阶级在巴黎拥有实际的力量和影响，足以推动它超出自己所拥有的手段去行事，而在法国其他地方，无产阶级只是集聚在一个个零散的工业中心，几乎完全消失在占压倒多数的农民和小资产阶级中间。"[①]在这种情况下，无产阶级虽然参与了革命，但不会改变革命的性质。马克思认为，虽然 1848 年至 1850 年法国爆发的革命不是无产阶级革命，无产阶级没有获得胜利，但是"在这些失败中灭亡的并不是革命，而是革命前的传统的残余，是那些尚未发展到尖锐阶级对立地步的社会关系的产物，即革命党在二月革命以前没有摆脱的一些人物、幻想、观念和方案，这些都不是二月胜利所能使它摆脱的，只有一连串的失败才能使它摆脱"[②]。只有随着经济社会的进一步发展，无产阶级成熟起来，爆发无产阶级革命，才能最终建立无产阶级政权。

再次，是对建立工农联盟思想必要性和可能性的探索。一方面，随着资本主义的发展，无产阶级的队伍将随之扩大，但这不意味着无产阶级能够仅仅依靠自身的力量完成社会革命的任务。马克思、恩格斯在《共产党宣言》中已经表达全世界无产者联合起来的思想。在当时的法国，无产阶级的力量还很弱

① 《马克思恩格斯文集》第 2 卷，人民出版社 2009 年版，第 89 页。
② 《马克思恩格斯文集》第 2 卷，人民出版社 2009 年版，第 79 页。

小，理论水平、斗争经验有限，因而，马克思针对这一状况提出了建立工农联盟的思想。马克思指出："在革命进程把站在无产阶级与资产阶级之间的国民大众即农民和小资产者发动起来反对资产阶级制度，反对资本统治以前，在革命进程迫使他们承认无产阶级是自己的先锋队而靠拢它以前，法国的工人们是不能前进一步，不能丝毫触动资产阶级制度的。工人们只能用惨重的六月失败做代价来换得这个胜利。"[①]另一方面，随着资本主义的发展和阶级矛盾的激化，农民和其他阶级也愿意和无产阶级联合起来以改变自身的命运，"在无产阶级暂时被挤出舞台而资产阶级专政已被正式承认之后，资产阶级社会的中间阶层，即小资产阶级和农民阶级，就必定要随着他们境况的恶化以及他们与资产阶级对抗的尖锐化而越来越紧密地靠拢无产阶级。正如他们从前曾认为他们的灾难是由于无产阶级的崛起一样，现在则认为是由于无产阶级的失败"[②]。提出建立工农联盟的思想是非常重要的，这一思想对以后国际社会无产阶级运动产生了重大影响。

最后，首次提出无产阶级专政概念。在《共产党宣言》中，马克思、恩格斯提出了无产阶级革命胜利后进行阶级统治的思想，这一阶级统治实质上就是无产阶级的统治。但马克思针对法国革命实践经验教训，在马克思主义发展史上第一次明确提

① 《马克思恩格斯文集》第2卷，人民出版社2009年版，第89页。
② 《马克思恩格斯文集》第2卷，人民出版社2009年版，第104页。

出无产阶级专政这一概念。马克思针对当时法国的革命状况，特别是资产阶级统治的实质，指出："《通报》（法国一家官方报纸——引者注）只得正式向无产阶级挑明，共和国认为有必要对它的幻想表示尊重的时代已经过去了，并且只有它的失败才使它确信这样一条真理；它要在资产阶级共和国范围内稍微改善一下自己的处境只是一种空想，这种空想只要企图加以实现，就会成为罪行。于是，原先无产阶级想要强迫二月共和国予以满足的那些要求，那些形式上浮夸而实质上琐碎的、甚至还带有资产阶级性质的要求，就由一个大胆的革命战斗口号取而代之，这个口号就是：推翻资产阶级！工人阶级专政！"[①]这一思想在《法兰西内战》中得到进一步深化。

二、马克思对社会政治革命及无产阶级独立革命性质和特点的阐明

社会政治革命是马克思主义的一大主题。在《共产党宣言》等论著中，马克思主义创始人对此已有深刻阐发。在总结1848年欧洲革命经验的基础上，马克思、恩格斯又有多次论述。《1848年至1850年的法兰西阶级斗争》一书则对这一问题作出集中阐发和论述。

① 《马克思恩格斯文集》第2卷，人民出版社2009年版，第103—104页。

1. 社会政治革命的一般性质和鲜明特点

革命指推动事物发生根本变革，引起事物从旧质到新质的飞跃。马克思主义认为，革命是新、旧社会形态实现更替的决定性手段。社会革命根源于生产力和生产关系之间、经济基础和上层建筑之间的矛盾运动，其实质就是先进阶级用新的社会制度代替旧的社会制度。

革命是历史的火车头。“革命是历史的火车头”是马克思在《1848 年至 1850 年的法兰西阶级斗争》一书中提到的一个重要观点，它包含非常丰富的内容。首先，社会革命是阶级社会由低级向高级发展的决定性手段。生产力和生产关系、经济基础和上层建筑的矛盾在阶级社会中集中表现为阶级矛盾。当生产关系和生产力、经济基础和上层建筑发生尖锐冲突的时候，社会阶级矛盾也随之尖锐化，统治阶级和被统治阶级的利益冲突达到不可调和的程度，但是统治阶级为维护自身利益是绝不会主动让出统治地位和国家政权的，而且为对付被统治阶级的反抗，总是首先把刺刀握在手中。此时，只有通过社会革命，才能推翻旧的国家政权，建立新的国家政权；消灭旧的生产关系，建立（或确立）新的生产关系，从而用新的更高级的社会形态代替旧的社会形态，实现社会的革命改造。其次，革命使社会各阶级都得到迅猛发展。革命时期是社会各阶级的利益表现得最为充分的时期，在革命进程中，每一个社会阶级都会活跃起来，把革命当作自己发挥能动性的舞台，“革命的戏剧效果一个胜似一个，人和事物好像是被五彩缤纷的火光所照耀，每天都充满极乐狂欢”[①]。革命时期的社会阶级斗争最为激烈，把以前未能成熟和未能解决的问题充分集中起来、暴露出来，并得到不同程度的解决或重新组合，从而使社会各阶级都得到迅猛发展。马克思指出："斗争随时都迫使革命回到自己最初的出发点，随时都使战胜者变为被战胜者，被战胜者变为战胜者，并且顷刻间就改变各党派和各阶级的地位、它们的决裂和结合”，“在这运动的旋涡中，在这历史动荡的痛苦中，在这革命的热情、希望和失望的戏剧性的起落中，法国社会各阶级从前以半世纪为单位来计算自己的发展时期，现在却不能不以星期为单位来计算了”[②]。再次，革命阶级在革命斗争中受到锻炼和改造，成为建设新社会的基础。在革命中，革命阶级和尚未意识到自己的阶级利益和阶级力量的阶级，看清了反动的统治阶级的罪恶嘴脸，觉悟起来、成熟起来。在《1848 年至 1850 年的法兰西阶级斗争》一书中，马克思详细论述了革命对无产阶级成长的巨大推动作用，以及其先进的思想对当时落后守旧的农民阶级革命化的促进作用。马克思指出，秩序党的花言巧语虽然“打中了农民的心坎，激起了农民尝食禁果的渴望”，但是革命现实却不是这样，“最容易理解的语言是农民阶级在行使选举权时所获得的经验本身，是农民阶级在革命的急剧发展进程中接连遭

① 《马克思恩格斯文集》第 2 卷，人民出版社 2009 年版，第 474 页。
② 《马克思恩格斯文集》第 2 卷，人民出版社 2009 年版，第 134—135 页。

到的失望”[①]。马克思认为，正是革命和反革命的斗争，使“革命农民化了，即农民成为革命的积极力量”[②]。最后，革命是阶级社会前进的动力，能够解放和促进生产力的发展。革命是阶级社会中生产力和生产关系、经济基础和上层建筑矛盾的集中表现和根本解决，正是通过革命，变革生产关系，建立起新的与当时生产力相适应的生产关系，随之构建起新的经济基础和上层建筑，从而打破限制生产力发展的种种阻碍，促进生产力的发展。我们要坚决反对革命是对生产力发展没有促进作用只有破坏作用的错误观点。

革命过程充满着革命和反革命的交错。任何革命都不是一帆风顺的，都会经历革命和反革命的反复较量。首先，革命受经济社会发展条件的制约。马克思指出：“人们自己创造自己的历史，但是他们并不是随心所欲地创造，并不是在他们自己选定的条件下创造，而是在直接碰到的、既定的、从过去承继下来的条件下创造。”[③]1848年至1850年，法国爆发了一系列的革命，虽然无产阶级开始登上历史舞台并展现了革命的决心和力量，但是当时法国社会经济的发展水平决定了法国这一时期的革命只能是资产阶级性质的革命。因而，无论是对抱有彻底改造整个社会理想和决心的无产阶级来说，还是对要求实现自

① 《马克思恩格斯文集》第2卷，人民出版社2009年版，第161页。

② 许征帆、李鹏程、马绍孟等：《马克思主义学说史》第1卷，吉林人民出版社1987年版，第445页。

③ 《马克思恩格斯文集》第2卷，人民出版社2009年版，第470—471页。

己理想中的社会主义的小资产阶级来说，革命的总趋势只能是失败。马克思对这一时期的革命总体评价说："除了很少几章之外，1848—1849年的革命编年史中每一个较为重要的章节，都冠有一个标题：革命的失败。"[①]其次，反动的统治阶级为维护自身利益和反动统治总是反对和镇压革命。统治阶级是绝不会自动放弃自身利益和统治地位的。二月革命的成果被资产阶级所窃取，随后的六月起义被镇压，资产阶级总是采取强硬的手段维护自身的权利，直至金融贵族又卷土重来，路易·波拿巴称帝，建立了更为反动的统治。再次，革命阶级的成熟需要在革命进程中不断锤炼。一个阶级的成熟既受到社会经济发展水平的制约，也受到社会实际斗争的影响。在二月革命中，无产阶级同资产阶级共和派并肩作战，希望建立一个新社会。但是现实教育了无产阶级。在六月起义中，无产阶级又受到资产阶级的血腥镇压。这一系列事件使无产阶级逐渐认清了资产阶级的真实面目。马克思对此评价说："革命迅速地把所有的旧反对党相继推上国家高峰，使它们不只在行动上，而且在言论上都不得不放弃、否认自己旧日的言论，并且最终成为一堆令人作呕的大杂烩，被人民全部丢到历史的垃圾堆里去。"[②]最后，不成熟的革命为未来的革命创造了胜利条件。革命不是一两次的政治动荡，而是整个社会的根本变革。正是在一次次的革命中，

① 《马克思恩格斯文集》第2卷，人民出版社2009年版，第79页。
② 《马克思恩格斯文集》第2卷，人民出版社2009年版，第119页。

不成熟的革命力量逐渐走向成熟。马克思指出:“二月革命对于旧社会是一个突然袭击，是一个意外事件，而人民则把这个突然的打击宣布为具有世界历史意义的壮举，认为它开辟了一个新纪元。”①

2. 无产阶级独立的革命性质和突出特点

无产阶级革命与以往任何革命在本质上都不同。以往的革命，无论是封建主阶级的革命，还是资产阶级民主主义革命，都是为少数人谋利益的革命，是一个剥削阶级代替另一个剥削阶级的革命。但无产阶级革命与此完全不同，无产阶级革命是为大多数人谋利益的革命，它以建立一个社会占有生产资料，没有剥削、没有压迫、无阶级的社会为目标。因而，无产阶级革命即“19世纪的社会革命不能从过去，而只能从未来汲取自己的诗情。它在破除一切对过去的迷信以前，是不能开始实现自己的任务的。从前的革命需要回忆过去的世界历史事件，为的是向自己隐瞒自己的内容。19世纪的革命一定要让死人去埋葬他们的死人，为的是自己能弄清自己的内容。从前是辞藻胜于内容，现在是内容胜于辞藻”②。这就是说，无产阶级革命需要无产阶级了解自身革命和以往革命的本质区别，只有在这种情况下，革命才能成为无产阶级革命。因而，“无产阶级革命，例

① 《马克思恩格斯文集》第2卷，人民出版社2009年版，第473页。
② 《马克思恩格斯文集》第2卷，人民出版社2009年版，第473页。

如19世纪的革命，则经常自我批判，往往在前进中停下脚步，返回到仿佛已经完成的事情上去，以便重新开始把这些事情再做一遍，它十分无情地嘲笑自己的初次行动的不彻底性、弱点和拙劣；它把敌人打倒在地，好像只是为了要让敌人从土地里汲取新的力量并且更加强壮地在它前面挺立起来，它在自己无限宏伟的目标面前，再三往后退却，直到形成无路可退的局势为止"[①]。这就决定了无产阶级革命是长期的、艰难的，但必然是最终获得胜利的艰苦斗争历程。无产阶级在革命斗争中，绝不隐瞒和放任自己的弱点，而是采取严厉的自我批判的态度。同时，无产阶级在革命进程中，绝不崇拜和满足于一次次革命的胜利，而是把目标放在从根本上改造社会，建立新的社会经济关系上，"从而创造出从历史必然性上打败敌人，使其不能复生的客观社会基础上"[②]。历史发展是客观的，阶级的产生、发展、消亡也是如此，因而无产阶级在革命中并不对敌人的发展或壮大产生恐慌，甚至还予以促进，因为无产阶级"知道这种促进是使敌人尽快走完客观的必然发展之路而达到死亡的最有效的方法"[③]。只有这样，无产阶级革命才能取得彻底的胜利。

无产阶级革命有其独立的性质，相应地，也有其独有的特点。

① 《马克思恩格斯文集》第2卷，人民出版社2009年版，第474页。

② 许征帆、李鹏程、马绍孟等：《马克思主义学说史》第1卷，吉林人民出版社1987年版，第448页。

③ 许征帆、李鹏程、马绍孟等：《马克思主义学说史》第1卷，吉林人民出版社1987年版，第448页。

第一，爆发无产阶级革命需要主客观条件。在二月革命中，虽然无产阶级是革命的主要力量，强迫临时政府实行共和制度，“作为一个独立的党登上了前台，但是同时它招致了整个资产阶级的法国来和它作斗争。它所获得的只是为自身革命解放进行斗争的基地，而决不是这种解放本身”①。在法国资产阶级的反对中，无产阶级的革命目标是不可能实现的。当时，“工人们相信能在资产阶级旁边谋求自身解放，同样，他们也认为能够在其他资产阶级国家旁边实现法国国内的无产阶级革命”②。但是，这是一厢情愿的空想。这里，马克思已经在讨论无产阶级革命国内和国际阶级条件的问题。同时，马克思还提出了无产阶级实现革命目的的主客观条件。就主观条件来说，“一个一旦奋起反抗便集中体现社会的革命利益的阶级，会直接在自己的处境中找到自己革命活动的内容和材料：打倒敌人，采取适合斗争需要的办法，它自身行动的结果就推动它继续前进。它并不从理论上研究本身的任务”③。显然，当时法国的阶级关系和法国无产阶级的能力并没有达到这一点，因而它也就不会实现自己的革命目的。就客观条件来说，“一般说来，工业无产阶级的发展是受工业资产阶级的发展制约的。在工业资产阶级统治下，它才能获得广大的全国规模的存在，从而能够把它的革命提高为全国规模的革命；在这种统治下，它才能创造出现代的生产

① 《马克思恩格斯文集》第2卷，人民出版社2009年版，第86页。
② 《马克思恩格斯文集》第2卷，人民出版社2009年版，第88页。
③ 《马克思恩格斯文集》第2卷，人民出版社2009年版，第88页。

资料，这种生产资料同时也正是它用以达到自身革命解放的手段。只有工业资产阶级的统治才能铲除封建社会的物质根底，并且铺平无产阶级革命唯一能借以实现的地基”[①]。当时的法国，工业资产阶级并没有在全国建立统治地位，除巴黎外无产阶级的人数还较少，“几乎完全消失在占压倒多数的农民和小资产阶级中间”[②]。在这种情况下，无产阶级革命就不会成为全国性的革命内容，所以，革命的结果就是，无产阶级和其他阶级的妥协。因而，马克思指出，这就“无怪乎巴黎无产阶级力图在资产阶级利益旁边实现自己的利益，而不是把自己的利益提出来当做社会本身的革命利益；无怪乎它在三色旗面前降下了红旗”[③]。社会经济和阶级关系的发展，是无产阶级革命的先决条件。没有社会经济一定程度的发展和阶级矛盾的激化，农民阶级和小资产阶级就不能认识到他们的利益与无产阶级利益的一致性即无产阶级革命不能得到农民和小资产阶级的支持，那么无产阶级革命将很难取得成功。这是一条十分重要的马克思主义原理。

第二，无产阶级革命是彻底打碎旧国家机器的革命。任何国家机器都是统治阶级维护自身利益的工具。因而，无产阶级革命另外一个特点就是它对待旧国家机器的态度与以往社会革命存在根本不同。马克思指出，“构成资产阶级共和国内容的正是资

① 《马克思恩格斯文集》第 2 卷，人民出版社 2009 年版，第 88 页。
② 《马克思恩格斯文集》第 2 卷，人民出版社 2009 年版，第 89 页。
③ 《马克思恩格斯文集》第 2 卷，人民出版社 2009 年版，第 89 页。

产阶级的利益，正是它的阶级统治和阶级剥削的物质条件”[①]。国家机器“经常和绝对控制着大量的利益和生存；在这里，国家管制、控制、指挥、监视和监护着市民社会——从其最广泛的生活表现到最微不足道的行动，从其最一般的生存形式到个人的私生活；在这里，这个寄生机体由于极端的中央集权而无处不在、无所不知，并且极其敏捷、极其灵活，而现实的社会机体却极无独立性、极不固定”[②]。马克思、恩格斯在《共产党宣言》中曾明确指出：“过去的一切运动都是少数人的，或者为少数人谋利益的运动。无产阶级的运动是绝大多数人的，为绝大多数人谋利益的独立的运动。”[③]因而，无产阶级要实现自己的革命目的，就要彻底打碎旧国家机器。法国革命更是进一步证明了这一点，因为资产阶级的“一切变革都是使这个机器更加完备，而不是把它摧毁。那些相继争夺统治权的政党，都把这个庞大国家建筑物的夺得视为胜利者的主要战利品”[④]。在这种国家机器下，无产阶级提出一些稍微改变的要求也会是一种空想，所以无产阶级就应该提出一个更为大胆的革命战斗口号：工人阶级专政。无产阶级革命就是要使资产阶级的“行政权臻于完备，使行政权以其最纯粹的形式表现出来，使之孤立，使之成为和自己对立的唯一的对象，以便集中自己的一切破坏力

① 《马克思恩格斯文集》第 2 卷，人民出版社 2009 年版，第 107 页。
② 《马克思恩格斯文集》第 2 卷，人民出版社 2009 年版，第 511 页。
③ 《马克思恩格斯文集》第 2 卷，人民出版社 2009 年版，第 42 页。
④ 《马克思恩格斯文集》第 2 卷，人民出版社 2009 年版，第 565 页。

量来反对行政权”[①]。可见，无产阶级专政是无产阶级消灭剥削阶级统治的革命斗争的必然结果。它是无产阶级完成其伟大历史使命的一个过渡阶段。

第三，无产阶级革命是不断革命。资本主义建立的是维护资产阶级根本利益的制度。在反对资本主义制度的革命进程中，特别是在无产阶级还不成熟的地区或国家，小资产阶级是不可忽略的力量。只是小资产阶级的革命拘泥于自身的阶级局限，企图提出一些和资本主义相妥协的政策，“把未来的历史进程想象为正在或已经由社会思想家协力或单独设计的种种体系的实现”[②]。小资产阶级的革命没有触动雇佣劳动和资本，因而这种革命完全是乌托邦，注定不能实现。对此，马克思评论道：“这种乌托邦，这种空论的社会主义，想使全部运动都服从于运动的一个阶段，用个别学究的头脑活动来代替共同的社会生产，而主要是幻想借助小小的花招和巨大的感伤情怀来消除阶级的革命斗争及其必要性；这种空论的社会主义实质上只是把现代社会理想化，描绘出一幅没有阴暗面的现代社会的图画，并且不顾这个社会的现实而力求实现自己的理想。”[③]以革命社会主义为指导的无产阶级革命与此完全不同，它主张彻底推翻资本主义制度，打倒资产阶级的统治，建立本阶级的阶级专政。马克思认为，这种阶级专政的目的是消灭一切阶级差别及产生阶

① 《马克思恩格斯文集》第 2 卷，人民出版社 2009 年版，第 564 页。
② 《马克思恩格斯文集》第 2 卷，人民出版社 2009 年版，第 166 页。
③ 《马克思恩格斯文集》第 2 卷，人民出版社 2009 年版，第 166 页。

级差别的生产关系，它是向无产阶级社会的过渡。这就是说，无产阶级革命是不断革命。马克思、恩格斯在《共产党宣言》中就明确指出："共产党人同其他无产阶级政党不同的地方只是：一方面，在无产者不同的民族的斗争中，共产党人强调和坚持整个无产阶级共同的不分民族的利益；另一方面，在无产阶级和资产阶级的斗争所经历的各个发展阶段上，共产党人始终代表整个运动的利益。"[①]无产阶级在反对资本主义的进程中，绝不把革命停留在小资产阶级、资产阶级共和派的狭隘的阶级利益范围内，它始终重视自己的阶级利益，建立自己的阶级专政，从而完成实现共产主义的目的，即"控制资本"，"占有生产资料，使生产资料受联合起来的工人阶级支配，也就是消灭雇佣劳动、资本及其相互间的关系"[②]。

第四，在革命中无产阶级要与其他革命阶级结成同盟。无产阶级革命和资产阶级革命、小资产阶级革命有根本的不同，但这不意味着无产阶级可以单独完成其革命的目标和任务。根据法国当时的社会状况和阶级关系，马克思提出了无产阶级革命的同盟军问题。他认为，无产阶级应该把吸引并同农民、小资产阶级建立密切的联合战线当作无产阶级革命的基本内容。马克思认为，在阶级斗争中，无产阶级和资产阶级之间的广大民众即农民阶级、小资产阶级必定向无产阶级靠拢，同时，农

① 《马克思恩格斯文集》第2卷，人民出版社2009年版，第44页。
② 《马克思恩格斯文集》第2卷，人民出版社2009年版，第113页。

民阶级和小资产阶级对资产阶级的斗争也是无产阶级革命取得胜利的先决条件。马克思指出："在无产阶级暂时被挤出舞台而资产阶级专政已被正式承认之后，资产阶级社会的中间阶层，即小资产阶级和农民阶级，就必定要随着他们境况的恶化以及他们与资产阶级对抗的尖锐化而越来越紧密地靠拢无产阶级。正如他们从前曾认为他们的灾难是由于无产阶级的崛起一样，现在则认为是由于无产阶级的失败。"[①]"在联合的反革命资产阶级面前，小资产阶级和农民阶级中一切已经革命化的成分，自然必定要与享有盛誉的革命利益代表者，即与革命无产阶级联合起来。"[②]当时的法国农民是落后和守旧的，他们曾一度非常迷信拿破仑，甚至在拿破仑的侄子路易·波拿巴的迷惑下选择支持他。但路易·波拿巴上台后，既没有继承拿破仑的农村政策，也没有兑现自己的承诺，因而这一时期处于土地分割状态下的小农的利益"已不像拿破仑统治时期那样同资产阶级的利益、同资本相协调，而是同它们相对立了"[③]。农民阶级在残酷的社会现实和斗争面前逐渐认识到，"只有资本的瓦解，才能使农民地位提高，只有反资本主义的无产阶级的政府，才能结束农民经济上的贫困和社会地位的低落"[④]。正因为如此，"农民就把负有推翻资产阶级制度使命的城市无产阶级看做自己的

① 《马克思恩格斯文集》第 2 卷，人民出版社 2009 年版，第 104 页。
② 《马克思恩格斯文集》第 2 卷，人民出版社 2009 年版，第 134 页。
③ 《马克思恩格斯文集》第 2 卷，人民出版社 2009 年版，第 570 页。
④ 《马克思恩格斯文集》第 2 卷，人民出版社 2009 年版，第 160—161 页。

天然同盟者和领导者”[①]。当时的法国，农民数量众多。在马克思看来，无产阶级能否与农民阶级结成工农联盟，是无产阶级能否推翻资产阶级统治，取得无产阶级革命胜利的前提条件，“法国农民一旦对拿破仑帝制复辟感到失望，就会把对于自己小块土地的信念抛弃；那时建立在这种小块土地上面的全部国家建筑物都将会倒塌下来，于是无产阶级革命就会形成一种合唱，若没有这种合唱，它在一切农民国度中的独唱是不免要变成孤鸿哀鸣的”[②]。后来，在谈到德国革命时，马克思又再次强调了建立工农联盟对无产阶级革命取得胜利的重大意义。他在致恩格斯的书信中指出，“德国的全部问题将取决于是否有可能由某种再版的农民战争来支持无产阶级革命。如果那样就太好了”[③]。

第五，无产阶级革命是世界性的革命。在世界范围内取得无产阶级革命胜利进而实现共产主义，是马克思早期关于构建共产主义理论的一个特点。他和恩格斯合著的《德意志意识形态》一书中有相关表述。马克思、恩格斯认为，共产主义“只有作为占统治地位的各民族‘一下子’同时发生的行动，在经验上才是可能的”[④]。在总结1848年欧洲革命经验时，马克思又重申了这一思想。马克思认为，法国无产阶级的革命任务“在法国解决不了，它在法国只是被宣布出来。它在本国范围内的

① 《马克思恩格斯文集》第2卷，人民出版社2009年版，第570页。
② 《马克思恩格斯文集》第2卷，人民出版社2009年版，第573页，注①。
③ 《马克思恩格斯文集》第10卷，人民出版社2009年版，第131页。
④ 《马克思恩格斯文集》第1卷，人民出版社2009年版，第539页。

无论什么地方都不能解决；法国社会内部阶级间的战争将要变成各国间的世界战争。只有当世界战争把无产阶级推到支配世界市场的国家的领导地位上，即推到英国的领导地位上的时候，工人的任务才开始解决。革命在这里并没有终结，而是获得有组织的开端，它不是一个短暂的革命。现在这一代人，很像那些由摩西带领着通过沙漠的犹太人。他们不仅仅要夺取一个新世界，而且要退出舞台，以便让位给那些能适应新世界的人们"[①]。马克思在这一段话中说了两个方面的内容。一方面，一个国家无产阶级革命的彻底胜利，必然是同世界范围内的革命形势紧密地联系在一起的，"只要法国发生任何一次新的无产阶级起义，都必然会引起世界战争。新的法国革命将被迫立刻越出本国范围去夺取欧洲的地区，因为只有在这里才能够实现19世纪的社会革命"[②]。另一方面，只有世界上最先进国家的无产阶级取得革命胜利建立政权的时候，无产阶级才真正开始解决自己的革命任务。这时，他把无产阶级革命的希望寄托在英国，"即推到英国的领导地位上的时候，工人的任务才开始解决"[③]。这一思想也是与《德意志意识形态》一书中的思想相承接的。在《德意志意识形态》中，马克思、恩格斯认为，共产主义事业的实现"以生产力的普遍发展和与此相联系的世界交往为前提"，因为"无产阶级只有在世界历史意义上才能

① 《马克思恩格斯文集》第2卷，人民出版社2009年版，第155页。
② 《马克思恩格斯文集》第2卷，人民出版社2009年版，第105页。
③ 《马克思恩格斯文集》第2卷，人民出版社2009年版，第155页。

存在，就像共产主义——它的事业——只有作为‘世界历史性的’存在才有可能实现一样”[①]。马克思的这一思想虽然被后来的国际共产主义运动新的实践、新的历史条件证明只适于当时的情况，但这一思想在马克思主义革命观发展史上的地位是不应被忽视的。

三、马克思主义社会政治革命理论体系的完整形成

阶级斗争问题是马克思主义的基本理论问题，也是马克思主义社会政治革命理论的核心。列宁曾经指出：“只有承认阶级斗争、同时也承认无产阶级专政的人，才是马克思主义者。马克思主义者同平庸的小资产者（以及大资产者）之间的最深刻的区别就在这里。必须用这块试金石来检验是否真正理解和承认马克思主义。”[②]在总结1848年欧洲革命经验时，马克思、恩格斯运用阶级斗争理论，分析革命爆发的原因、性质、过程和结果。在这一过程中，阶级斗争理论得以系统发展。“社会政治革命就是阶级斗争。”[③]伴随着马克思主义阶级斗争学说的全面具体阐发，马克思主义社会政治革命理论体系完整形成。

① 《马克思恩格斯文集》第1卷，人民出版社2009年版，第539页。

② 《列宁选集》第3卷，人民出版社2012年版，第139页。

③ 许征帆、李鹏程、马绍孟等：《马克思主义学说史》第1卷，吉林人民出版社1987年版，第459页。

1. 阶级斗争学说在分析法国阶级斗争中现实化和成熟化

提出阶级斗争，重视阶级斗争在社会发展中的作用不是马克思的发明。资产阶级学者和政治家已经提出阶级斗争及其相关理论，并对阶级斗争在社会发展中的地位有过阐述。马克思明确指出："至于讲到我，无论是发现现代社会中有阶级存在或发现各阶级间的斗争，都不是我的功劳。在我以前很久，资产阶级历史编纂学家就已经叙述过阶级斗争的历史发展，资产阶级经济学家也已经对各个阶级作过经济上的分析。"[①]马克思在这里说的资产阶级历史编纂学家，主要是指法国波旁王朝复辟时期的一批历史学家，如梯叶里、基佐、米涅等。他们在其著作中，从资产阶级立场出发，提出在法国社会存在着阶级对立和阶级斗争。他们认为，阶级斗争是了解中世纪以来法国历史发展的关键，是政治事变的发条，是理解资产阶级革命的钥匙；各阶级生存条件的不同，是社会上各阶级斗争的基础。这就表达了阶级斗争是社会发展的力量的思想。马克思所说的资产阶级经济学家，主要是指法国的重农主义者魁奈和杜尔哥，以及英国古典经济学家亚当·斯密和大卫·李嘉图等。这些经济学家在马克思之前，对各阶级的存在作过经济分析。但是这些人的阶级斗争学说有明显的局限性：一是他们的阶级斗争学说是建立在唯心史观的基础上。他们虽然把阶级关系、土地关系和

① 《马克思恩格斯文集》第 10 卷，人民出版社 2009 年版，第 106 页。

财产关系联系起来，看到了阶级对立同经济利益之间的关系，但是对财产关系的解释却是唯心的，他们不懂得社会生产力和社会生产关系是财产关系的基础。二是他们承认阶级斗争是社会发展的“发条”，但仅局限于资产阶级反对封建主义的斗争。他们不了解资本主义社会的阶级结构，否认当时列入“第三等级”的各个社会集团之间利益上的对立，坚决反对无产阶级与资产阶级的阶级斗争，并把无产阶级反对资产阶级的斗争看成是“社会的灾难”“疯狂的举动”“最大的祸害”。在无产阶级反对资产阶级的阶级斗争刚刚兴起时，他们就呼吁“国内和平，各种阶级公民之间的和平、社会和平”[①]等。

与资产阶级的阶级斗争理论不同，马克思主义把阶级斗争当作观察和分析人类社会发展的一条线索，认为人类几千年的文明史，从社会发展的直接动力来说，就是阶级斗争的历史。离开了阶级斗争理论，就无法理解阶级社会的本质和发展动力。马克思对阶级斗争理论的新贡献是：“（1）阶级的存在仅仅同生产发展的一定历史阶段相联系；（2）阶级斗争必然导致无产阶级专政；（3）这个专政不过是达到消灭一切阶级和进入无阶级社会的过渡……”[②]这样一来，马克思就从人类社会发展规律的高度来理解和认识阶级斗争了。对此，列宁指出：“马克思主义提供了一条指导性的线索，使我们能在这种看来扑朔迷离、一团混乱的状

① 转引自梅荣政、孙金华：《对列宁有关阶级斗争思想的解读》，《毛泽东邓小平理论研究》2010年第5期。

② 《马克思恩格斯文集》第10卷，人民出版社2009年版，第106页。

态中发现规律性。这条线索就是阶级斗争理论。”[①]从马克思总结法国革命的著作中，我们可以看出，马克思主义阶级斗争学说的内容，就是对社会的人们进行阶级的划分和分析，明确阐明社会的阶级结构，从经济利益方面阐明处于这一结构中各阶级的状况及它们各自的阶级特性，从而说明它们的政治态度及在政治斗争中的具体立场、实际关系，最终阐明阶级斗争的历史趋向和现实结果。[②]

马克思运用阶级斗争理论具体分析了当时法国阶级结构和社会各阶级状况。马克思认为，19 世纪 40 年代末至 50 年代初，法国的人群大体上可以分为四个阶级，即资产阶级、小资产阶级、农民阶级和无产阶级。这几个阶级中，资产阶级占据社会的统治地位，其他三个阶级是被统治阶级，他们的利益有一致性，但又有区别。对此，马克思进行了细致入微的分析。

首先，法国无产阶级是彻底革命的阶级，但是由于当时法国的资本主义生产关系还没有在全国得到充分的发展，除巴黎、里昂等几个大城市外，全国基本上还只是出现一些零散的工业中心，这种经济状况决定了法国无产阶级的不成熟。在二月革命时，法国无产阶级还没有认识到自己阶级的独立的利益，还没有认识到无产阶级的阶级利益同整个资产阶级的阶级利益根本对立。所以，在反对金融贵族的斗争中，还幻想和反对金融

① 《列宁专题文集·论马克思主义》，人民出版社 2009 年版，第 15 页。

② 参见许征帆、李鹏程、马绍孟等：《马克思主义学说史》第 1 卷，吉林人民出版社 1987 年版，第 459—460 页。

贵族的其他阶级（包括资产阶级的其他派别）一起从胜利中获得利益。事实却未能如无产阶级所料，革命胜利后，当无产阶级提出一些稍微超出资产阶级共和国范围的要求时，资产阶级却一心想消灭他们，"临时政府的整个存在过程可以归结为一场反对无产阶级要求的、持续不断的斗争"①。随后，无产阶级转而支持临时政府中的小资产阶级，期望以此捍卫共和国。但六月起义被血腥镇压的事实再次教育了无产阶级。残酷的阶级斗争现实，促进了法国无产阶级阶级意识的觉醒，无产阶级认识到自己的阶级利益要靠自己独立的斗争来争取。

其次，法国的小资产阶级是一个人数众多、革命态度动摇的阶级。法国小资产阶级的革命态度表现出很大的动摇性。一方面，它们为捍卫自己的私有财产可以参加革命活动，并且在革命中联合无产阶级，"小资产阶级只有以无产阶级为后盾，才能保持住自己反对资产阶级的革命阵地"②。另一方面，由于小私有者的经济地位，他们缺乏进行独立的、彻底的革命的力量和勇气，处处提防无产阶级，绞杀无产阶级。二月革命中，小资产阶级参加了革命；六月起义中，他们又联合资产阶级屠杀了无产阶级。但他们没有获得任何好处。后面的事实清楚地表明了这一点。六月起义后，当小资产阶级企图从胜利中分一杯羹时，他们惊愕地发现，资产阶级并不能满足他们的要求，"他们击溃

① 《马克思恩格斯文集》第 2 卷，人民出版社 2009 年版，第 100 页。
② 《马克思恩格斯文集》第 2 卷，人民出版社 2009 年版，第 106 页。

了工人，就使自己毫无抵抗地陷入了债权人的掌握之中”[①]。他们又开始同无产阶级有了共同的利益，开始一致的政治行动，“山岳党就成了革命营垒的指挥官”[②]，“并且起到了议会中的革命代表者的作用”，“代表着摇摆于资产阶级和无产阶级之间的群众，这些群众的物质利益要求民主制度”。但是山岳党“革命热情的表现越是局限于在议会中进行攻击——提交控诉书、进行威吓、高声喊叫、发表雷鸣似的演说和提出不外是些空话的极端措施，他们也就越是勇敢”。[③]山岳党一边利用无产阶级反对资产阶级的统治，一边又提防着无产阶级，缺乏实际的革命行动。这样的小资产阶级的“革命性”是十分有限的。对此，马克思在随后发表的《路易·波拿巴的雾月十八日》一书中有过深刻总结：“可是问题在于，小资产者和他们的民主派代表人物提出革命威胁，不过是企图吓唬一下敌人罢了。当他们误入死胡同时，当他们丢尽了面子，以致不得不把自己的威胁付诸实行时，他们就采取模棱两可的态度，尽力避免采取可能达到目的的手段，而急于寻找失败的借口。一旦必须实地战斗时，震耳欲聋的宣战前奏曲就变成怯懦的唠叨；演员不再认真表演了，戏也就停止了，像吹胀了的气球一样，针一刺就破了。”[④]

再次，法国农民阶级落后保守，但农民阶级“受奴役和贫

① 《马克思恩格斯文集》第 2 卷，人民出版社 2009 年版，第 110 页。
② 《马克思恩格斯文集》第 2 卷，人民出版社 2009 年版，第 135 页。
③ 《马克思恩格斯文集》第 2 卷，人民出版社 2009 年版，第 136 页。
④ 《马克思恩格斯文集》第 2 卷，人民出版社 2009 年版，第 503 页。

困化”会使农民成为无产阶级战士，或无产阶级的同盟军。农民阶级是当时法国人口最多的一个阶级，大致占法国当时总人口的三分之二以上，农民据地而耕，没有复杂的社会关系。马克思指出：“数百万家庭的经济生活条件使他们的生活方式、利益和教育程度与其他阶级的生活方式、利益和教育程度各不相同并互相敌对，就这一点而言，他们是一个阶级。而各个小农彼此间只存在地域的联系，他们利益的同一性并不使他们彼此间形成共同关系，形成全国性的联系，形成政治组织，就这一点而言，他们又不是一个阶级。”[①]农民阶级的这种特点，使农民很难以自己的名义保护自己的阶级利益，从而一定要别的阶级来代表。因而，马克思认为小农的政治倾向是加强行政权力对社会的支配。所以，出于对拿破仑的盲目崇拜，当拿破仑的侄子路易·波拿巴拉拢农民时，农民上了当，构成临时政府时期反革命方面的主力军。但是，当路易·波拿巴上台后宣布保留旧赋税制度和葡萄酒税时，农民才恍然大悟，对政府的态度发生急剧变化，“法国农民想象魔鬼的时候，就把他想象成税吏。自从蒙塔朗贝尔把赋税尊崇为天神的时候起，农民就变成不信神的人，变成无神论者，并投到魔鬼即社会主义怀抱里去了”[②]。随着一系列反动政策的实施，以前的土地分割政策就由19世纪初的“保证法国农村居民解放和致富的条件”而变

① 《马克思恩格斯文集》第2卷，人民出版社2009年版，第566—567页。
② 《马克思恩格斯文集》第2卷，人民出版社2009年版，第157页。

成“使他们受奴役和贫困化的法律了”[①]。这样就促进了革命在每个农村中滋长起来，促进农民“这个最守旧的阶级的革命化”[②]。随着资本主义生产方式的日益发展，小块土地日益成为大资本榨取和蚕食的对象，农民阶级的地位更加悲惨，成为无产阶级的一分子或成为无产阶级革命的同盟军成为农民阶级发展的趋向。

最后，法国资产阶级派别复杂，利益矛盾突出，资产阶级内部斗争及与其他阶级的斗争，构成一幅法国当时波澜壮阔的阶级斗争图画。马克思花了大量篇幅分析了法国资产阶级的状况。当时的法国，虽然经历了大革命和二月革命的洗礼，资本主义有一定程度的发展，但依然是一个资本主义发展不充分的国家，资产阶级派系复杂，矛盾突出。马克思把法国资产阶级划分为资产阶级共和派、秩序党和路易·波拿巴派。其中，派别之间由于思想基础和社会经济基础的不同又充满斗争。二月革命是以资产阶级共和派为主的社会各阶级向金融贵族资产阶级发起挑战的斗争，结果是建立了临时政府和制宪会议。但资产阶级共和派取得统治地位后，坚决维护资产阶级经济利益，残酷镇压无产阶级起义，剥夺小资产阶级，加重对农民阶级的盘剥，变相投靠金融贵族，并制定了自相矛盾的宪法。这些导致了包括无产阶级、农民阶级、小资产阶级的反对，最终路易·波拿

① 《马克思恩格斯文集》第 2 卷，人民出版社 2009 年版，第 569 页。
② 《马克思恩格斯文集》第 2 卷，人民出版社 2009 年版，第 161 页。

巴上台，开始了路易·波拿巴与秩序党的共同执政。对此，马克思评价道："路易·波拿巴和制宪国民议会的对立并不是宪制权力中一方同另一方的对立，不是行政权同立法权的对立，而是已经建立起来的资产阶级共和国本身同建立共和国的那些工具的对立，同资产阶级中革命集团的野心勃勃的阴谋和意识形态上的要求的对立。"[1]当时的法国走向全面反动。但普选权的实施给无产阶级和小资产阶级利用普选权争取政治权提供了可能，因而反对资产阶级走向反动的斗争又持续了一段时间。1849年6月13日事件后，资产阶级彻底走向反动。此后，秩序党内部，以及秩序党与路易·波拿巴之间又因各自利益的不同展开了激烈斗争。秩序党内部的正统派和奥尔良派有各自的拥戴者，各自的社会政治、经济理想，但两者亦有统一的目标：保留共和国。秩序党和路易·波拿巴之间的斗争则是资产阶级一般政治理论和普遍的阶级利益同实际的阶级统治之间的斗争。这一时期，路易·波拿巴企图在新的历史条件下实行专制，削弱议会的权力。因而，秩序党和路易·波拿巴之间的斗争不可避免。直至路易·波拿巴发动政变，成立帝制，这样"资产阶级的阶级利益彻底地转变为最高的、普遍的利益与社会相对立"[2]。

马克思主义阶级斗争学说在法国革命中经受了检验和丰富

① 《马克思恩格斯文集》第2卷，人民出版社2009年版，第121—122页。

② 许征帆、李鹏程、马绍孟等：《马克思主义学说史》第1卷，吉林人民出版社1987年版，第469页。

发展。马克思、恩格斯在《共产党宣言》中提出“至今一切社会的历史都是阶级斗争的历史”，并从理论上进行了充分的论证。1848 年欧洲革命则从实践上检验并证明了马克思主义阶级斗争学说的正确性。马克思、恩格斯在总结欧洲革命经验的基础上，又提出一些新的论断，使马克思主义阶级斗争学说得到丰富发展。

首先，阶级斗争受经济发展水平的制约。从一定意义上说，阶级是一个经济范畴，它反映的是人们同生产资料的关系。阶级的产生和存在是个历史现象，是生产力发展的结果。阶级斗争的实质是社会各主要阶级之间经济利益的矛盾和冲突。这就决定了某一阶级的阶级斗争状况必然会受到当时社会经济发展水平的制约。例如，1848 年欧洲革命中，无产阶级虽然是革命中的主力，提出了自己的政治主张，但当时法国的无产阶级受法国经济社会发展的影响，势力薄弱，除巴黎和里昂等几个大城市外，在法国其他地方，它“只是集聚在一个个零散的工业中心，几乎完全消失在占压倒多数的农民和小资产阶级中间”[①]。因而这一时期无产阶级的阶级斗争只能附属在其他阶级之上，即使提出体现本阶级利益的政策，也不能实行。其次，政党斗争、议会斗争是阶级斗争的表现。1848 年欧洲革命时期，法国革命的一个突出特点是党派众多，并且随着阶级力量对比的变化，各党派又经常重新分化、组合。马克思运用阶级斗争理论，

① 《马克思恩格斯文集》第 2 卷，人民出版社 2009 年版，第 89 页。

抽丝剥茧，揭露各党派的阶级实质。马克思指出，七月王朝时期当政的是资产阶级中的一个集团，即金融贵族，而在波旁王朝复辟时期当权的正统派则是大资产阶级的另一个集团，即大地主的代表。这两大集团在六月起义后，为对抗其他阶级力量组成秩序党。由于当时金融事业、投机生意和高利贷行业在法国经济社会中占据着重要地位，因而当时占统治地位的是大资产阶级。无产阶级、小资产阶级、共和派等其他阶级，虽然也进行过多次斗争、反抗，包括议会中的激烈争论，但最后都以失败告终。再次，国家政体、普选权、宪法、议会等政治事物的实质是阶级斗争。政治事物的产生不是偶然的，它既是阶级斗争的反映，也体现着阶级斗争的实质。考察政治事物要深挖背后的经济根源。国家政体、普选权、宪法、议会等政治事物可以发生变化，但“一切变革都是使这个机器（国家——引者注）更加完备，而不是把它摧毁。那些相继争夺统治权的政党，都把这个庞大国家建筑物的夺得视为胜利者的主要战利品”[①]。即是说，占统治地位的阶级可以采取多种形式和途径，维护其经济基础，实现其阶级利益。这一点是不会变的。最后，阶级斗争的结果是导致无产阶级专政。马克思、恩格斯在《共产党宣言》中已经提出无产阶级专政思想，但经过1848年欧洲革命，马克思的无产阶级专政思想得到升华和拓展。一开始，由于受法国经济社会发展水平的制约，法国无产阶级的势力还非常弱

① 《马克思恩格斯文集》第2卷，人民出版社2009年版，第565页。

小，阶级意识还很薄弱，没有看清资产阶级的阶级本质，把实现本阶级革命目标的希望寄托在其他阶级之上。二月革命后被清理出临时政府的现实，让工人阶级陷入“没有选择的余地：不是饿死，就是斗争”[①]的绝望；六月起义的失败，使无产阶级确信，要使自己获得解放，必须建立无产阶级专政。这种专政“就是宣布不断革命，就是无产阶级的阶级专政”[②]。无产阶级专政是阶级斗争的产物。

2. 无产阶级革命的基本问题及其与资产阶级革命运动的关系

马克思、恩格斯在总结1848年欧洲革命经验时，研究了无产阶级革命的基本问题及其与资产阶级革命运动之间的关系，深化了马克思主义社会政治革命理论，形成了马克思主义对社会政治革命理论的完整表述。

第一，关于无产阶级革命的基本问题。无产阶级革命是马克思主义理论的主体内容。马克思、恩格斯在总结欧洲革命尤其是法国革命时关于无产阶级革命阐述了以下几个基本问题。首先，无产阶级革命同资产阶级革命的相互联系和本质区别。资产阶级革命是资产阶级反对封建制度和建立资产阶级统治的革命，在资产阶级革命进程中，无产阶级一般受到双重压迫，

① 《马克思恩格斯文集》第2卷，人民出版社2009年版，第101页。
② 《马克思恩格斯文集》第2卷，人民出版社2009年版，第166页。

一方面受封建主义残余的压迫，另一方面受资产阶级的压迫。因而，在资产阶级革命中，无产阶级一般积极参与，甚至作为革命的主力出现。但资产阶级一旦确立统治地位，就会把枪口对准无产阶级，迫使无产阶级发动革命。“三月十七日事件和四月十六日事件，是资产阶级共和国内部蕴蓄的伟大阶级斗争的初次交锋。”[①]可见，资产阶级革命和无产阶级革命是紧密联系的。同时，资产阶级革命与以往任何革命一样，“结果都是某一阶级的统治被另一阶级的统治所排挤；但是，以往的一切统治阶级，对被统治的人民群众而言，都只是区区少数。这样，一个统治的少数被推翻了，另一个少数又取代它执掌政权并依照自己的利益改造国家制度”[②]。但无产阶级革命与此完全不同，无产阶级革命是要实现“生产资料归社会所有”[③]，实现“劳动权”，就是“支配资本的权力，支配资本的权力就是占有生产资料，使生产资料受联合起来的工人阶级支配，也就是消灭雇佣劳动、资本及其相互间的关系”[④]。其实就简单一句话，实现多数人的统治。其次，无产阶级的阶级组织形式和活动形式。在资产阶级统治下，无产阶级和资产阶级的矛盾是不可调和的，虽然法国资产阶级内部党派林立，在一派反对另一派的过程中会拉拢无产阶级为其服务，但资产阶级政权一旦确立，它就会

① 《马克思恩格斯文集》第2卷，人民出版社2009年版，第97页。
② 《马克思恩格斯文集》第4卷，人民出版社2009年版，第538页。
③ 《马克思恩格斯文集》第4卷，人民出版社2009年版，第536页。
④ 《马克思恩格斯文集》第2卷，人民出版社2009年版，第113页。

疯狂镇压无产阶级的活动。这时，无产阶级很难自由地、公开地形成组织开展活动。马克思认为无产阶级可以形成多样性的组织提高无产阶级的觉悟，为将来的无产阶级革命做好准备。比如，马克思对法国当时的工人俱乐部给予了高度评价，认为“俱乐部是革命无产阶级的集合地点，是它的密谋活动场所”，资产阶级之所以痛恨俱乐部，要求铲除俱乐部，就是因为俱乐部在组织工人方面起到了巨大的作用。马克思反问道，资产阶级消灭俱乐部，不就是因为俱乐部“要让整个工人阶级联合起来去反对整个资产阶级，不就是要建立一个工人的国家去对抗资产者的国家吗？俱乐部不就是十足的无产阶级制宪议会和十足的起义军备战部队吗？”[①]马克思认为，即使资产阶级铲除了俱乐部，无产阶级也可以通过其他形式进行活动。他指出，“公开的俱乐部变得难以存在，秘密团体也就越来越多，越来越强了。被视为纯商业团体而容许存在并且在经济上无所作为的产业工人协会，在政治上对无产阶级起了纽带的作用”[②]。马克思认为，无产阶级只要进行多种形式的组织，开展多样性的活动，资产阶级是无可奈何的，因为资产阶级虽然可以表面上禁止无产阶级的活动，但革命的精神已经深深扎在无产阶级心中。马克思指出，“6 月 13 日把各种半革命党派的正式首脑除掉了，而留下的群众却有了他们自己的头脑”[③]。无产阶级革命精神长

① 《马克思恩格斯文集》第 2 卷，人民出版社 2009 年版，第 127 页。
② 《马克思恩格斯文集》第 2 卷，人民出版社 2009 年版，第 147 页。
③ 《马克思恩格斯文集》第 2 卷，人民出版社 2009 年版，第 147 页。

存下来。另外，关于无产阶级革命理论的基本问题，马克思还研究了无产阶级革命的特点、无产阶级革命是不断革命、无产阶级专政等重大问题。这几个方面的内容，前文已经论及，在此不再赘述。

第二，资产阶级革命运动与无产阶级革命的关系。首先，无产阶级与资产阶级革命的关系。无产阶级和资产阶级革命的关系主要体现在以下几个方面：一是无产阶级作为社会中被压迫、被剥削的阶级，一般都会参与资产阶级革命。二是资产阶级革命的胜利，资产阶级统治的确立，为无产阶级力量的壮大和无产阶级革命的爆发创造了条件。马克思指出："一般说来，工业无产阶级的发展是受工业资产阶级的发展制约的。在工业资产阶级统治下，它才能获得广大的全国规模的存在，从而能够把它的革命提高为全国规模的革命；在这种统治下，它才能创造出现代的生产资料，这种生产资料同时也正是它用以达到自身革命解放的手段。只有工业资产阶级的统治才能铲除封建社会的物质根底，并且铺平无产阶级革命唯一能借以实现的地基。"[①]三是在资产阶级革命进程中，无产阶级会不断成长、成熟起来。马克思认为，"革命的进展不是在它获得的直接的悲喜剧式的胜利中，相反，是在产生一个联合起来的、强大的反革命势力的过程中，即在产生一个敌对势力的过程中为自己开拓道路的，只是通过和这个敌对势力的斗争，主张变革的党才走

① 《马克思恩格斯文集》第2卷，人民出版社2009年版，第88页。

向成熟，成为一个真正革命的党”[①]。四是其他被压迫阶级逐渐认识到无产阶级是彻底革命的阶级，而与无产阶级结成同盟，共同反对资产阶级。马克思指出：“在无产阶级暂时被挤出舞台而资产阶级专政已被正式承认之后，资产阶级社会的中间阶层，即小资产阶级和农民阶级，就必定要随着他们境况的恶化以及他们与资产阶级对抗的尖锐化而越来越紧密地靠拢无产阶级。正如他们从前曾认为他们的灾难是由于无产阶级的崛起一样，现在则认为是由于无产阶级的失败”[②]，进而“团结在作为决定性革命力量的无产阶级周围”[③]。

其次，无产阶级的独立性和领导权。在法国 1848 年革命中，无产阶级积极参与革命，期望实现自己的阶级利益，但由于当时社会经济发展水平的制约，法国无产阶级还没有能力实现独立性和领导权，因而也很难取得彻底的胜利。马克思指出，“一个一旦奋起反抗便集中体现社会的革命利益的阶级，会直接在自己的处境中找到自己革命活动的内容和材料：打倒敌人，采取适合斗争需要的办法，它自身行动的结果就推动它继续前进。它并不从理论上研究本身的任务。法国工人阶级不是站在这样的立足点上，它还没有能力实现自己的革命”[④]。另外，资产阶级占据着统治地位，掌握着社会资源，这也要求无产阶级要有

① 《马克思恩格斯文集》第 2 卷，人民出版社 2009 年版，第 79 页。
② 《马克思恩格斯文集》第 2 卷，人民出版社 2009 年版，第 104 页。
③ 《马克思恩格斯文集》第 2 卷，人民出版社 2009 年版，第 164 页。
④ 《马克思恩格斯文集》第 2 卷，人民出版社 2009 年版，第 88 页。

独立性，掌握革命的领导权。马克思认为，“在资产阶级与无产阶级之间行将来临的搏斗中，一切优势，一切最重要的阵地，社会的一切中间阶层，都掌握在资产阶级手中”[①]，因而，无产阶级不能把胜利的希望寄托在别的阶级之上，自己阶级利益的实现、自身的解放最终还是要靠自身来完成，对此，“无产阶级不能采取任何坚决行动的模棱两可态度”[②]。

最后，无产阶级对民族解放运动的根本立场。马克思认为，无产阶级革命具有世界性，世界上无产阶级的利益是根本一致的，一个国家不会取得无产阶级革命的彻底胜利。马克思指出：“六月失败使欧洲各个专制国家识破了一个秘密，即法国为了能在国内进行内战，无论如何都必须对外保持和平。这就把已经开始争取民族独立的各国人民置于俄国、奥地利和普鲁士的强权之下，而同时这些国家的民族革命的成败也就要依无产阶级革命的成败而定，它们那种表面上不依社会大变革为转移的独立自主性就消失了。只要工人还是奴隶，匈牙利人、波兰人或意大利人都不会获得自由！”[③]因而，一国的无产阶级革命势必会越出本国的范围，在世界范围内掀起无产阶级革命，只有这样才能取得革命的胜利。马克思指出：“只要法国发生任何一次新的无产阶级起义，都必然会引起世界战争。新的法国革命将被迫立刻越出本国范围去夺取欧洲的地区，因为只有在这里才

① 《马克思恩格斯文集》第2卷，人民出版社2009年版，第97页。
② 《马克思恩格斯文集》第2卷，人民出版社2009年版，第97页。
③ 《马克思恩格斯文集》第2卷，人民出版社2009年版，第104页。

能够实现19世纪的社会革命。”[①]正因为如此，无产阶级要发扬国际主义原则，支持其他国家的民族解放运动。1848年5月底，马克思在给《黎明报》编辑的信中就明确指出：“我们要捍卫意大利争取独立的事业,要和奥地利在意大利以及在德国和波兰的专制统治作誓死的斗争”“我们要求粗暴的奥地利丘八立刻撤出意大利,使意大利人民有可能按照自己的独立意志来选择他们所需要的政体”[②]。

第三，马克思主义社会政治革命理论的完整表达。在总结1848年欧洲革命经验的基础上，马克思主义社会政治革命理论已经成熟。阶级斗争是社会政治革命的核心，用简单的语言表述马克思主义的社会政治革命理论，可以将其概括为三点。一是阶级斗争是人类社会发展的动力。自有阶级以来的人类文明史，就是阶级斗争的历史，阶级斗争是生产力和生产关系、经济基础和上层建筑矛盾运动的外在表现和集中展现。二是阶级斗争必然导致无产阶级专政。以往任何阶级斗争都是一个剥削阶级战胜另一个剥削阶级，少数人对多数人的统治，但生产力和生产关系、经济基础和上层建筑的矛盾并没有解决，因而阶级矛盾、阶级斗争不断。“这个阶级斗争的历史包括有一系列发展阶段，现在已经达到这样一个阶段，即被剥削被压迫的阶级（无产阶级）,如果不同时使整个社会一劳永逸地摆脱一切剥削、

① 《马克思恩格斯文集》第2卷，人民出版社2009年版，第105页。

② 《马克思恩格斯全集》第5卷，人民出版社1958年版，第8页。

压迫以及阶级差别和阶级斗争，就不能使自己从进行剥削和统治的那个阶级（资产阶级）的奴役下解放出来。”[①]三是无产阶级专政是达到消灭一切阶级和达到无阶级社会的过渡。马克思概括地阐明了无产阶级专政的历史地位和任务。无产阶级专政不同于历史上其他阶级的专政，它不是保护阶级剥削的工具。无产阶级专政的历史任务在于，使无产阶级及其政党执掌国家政权，建立新的生产关系，运用专政手段对少数剥削者实行镇压，消灭对立的阶级，同时实行社会主义改造，大力发展生产力，促进社会全面进步和人的全面发展，最后消灭阶级差别，进入无阶级的共产主义社会。无产阶级专政只是人类从阶级社会进入无阶级社会的过渡性阶段。

3. 历史唯物主义在社会政治革命论研究中得以充实完善

历史唯物主义是马克思理论的重大发现。恩格斯把唯物史观和剩余价值学说看作马克思主义的两大基石。历史唯物主义在《德意志意识形态》这部书稿中得以确立和科学阐发。正是在历史唯物主义的指导下，马克思主义发现了人类社会发展的客观规律，得出了“两个必然”的科学结论。社会存在决定社会意识，这是历史唯物主义的基本观点。以历史唯物主义为指导，马克思、恩格斯在研究和阐发无产阶级社会政治革命进程时，又进一步丰富和发展了历史唯物主义。

① 《马克思恩格斯文集》第2卷，人民出版社2009年版，第14页。

第一，一个阶级的经济地位决定着一个阶级的政治行动和社会意识活动。马克思指出，判定一个阶级的政治行动和社会意识活动，决不能从阶级的言论、表白中进行考察和把握。社会阶级和党派的划分，“决不是由于什么所谓的原则，而是由于各自的物质生存条件，由于两种不同的财产形式”，如法国秩序党中的正统派和奥尔良派的彼此分离，就是“由于城市和农村之间的旧有的对立，由于资本和地产之间的竞争”[①]。因而，马克思指出：“在不同的财产形式上，在社会生存条件上，耸立着由各种不同的，表现独特的情感、幻想、思想方式和人生观构成的整个上层建筑。整个阶级在其物质条件和相应的社会关系的基础上创造和构成这一切。通过传统和教育承受了这些情感和观点的个人，会以为这些情感和观点就是他的行为的真实动机和出发点。”[②]但事实并非如此。在纷繁复杂的社会面前，我们更应该从阶级的经济地位、从阶级的利益方面“把各个党派的言辞和幻想同它们的本来面目和实际利益区别开来，把它们对自己的看法同它们的真实本质区别开来”[③]。

第二，社会经济发展水平决定着社会政治革命的发展。“人们自己创造自己的历史，但是他们并不是随心所欲地创造，并不是在他们自己选定的条件下创造，而是在直接碰到的、既定

① 《马克思恩格斯文集》第 2 卷，人民出版社 2009 年版，第 498 页。
② 《马克思恩格斯文集》第 2 卷，人民出版社 2009 年版，第 498 页。
③ 《马克思恩格斯文集》第 2 卷，人民出版社 2009 年版，第 499 页。

的、从过去承继下来的条件下创造。”[①]在1848年欧洲革命中，无产阶级虽然开始登上历史的舞台，在革命中发挥主体的力量，并提出了符合自己阶级利益的政治主张。但是，当时的欧洲生产力虽有发展，但还很不充分，即“当时欧洲大陆经济发展的状况还远没有成熟到可以铲除资本主义生产的程度”[②]。因而，在这种社会经济背景下，无产阶级就很难取得革命的胜利。马克思指出：“在这种普遍繁荣的情况下，即在资产阶级社会的生产力正以在整个资产阶级关系范围内所能达到的速度蓬勃发展的时候，也就谈不到什么真正的革命。只有在现代生产力和资产阶级生产方式这两个要素互相矛盾的时候，这种革命才有可能。大陆秩序党内各个集团的代表目前争吵不休，并使对方丢丑，这决不能导致新的革命；相反，这种争吵之所以可能，只是因为社会关系的基础在目前是那么巩固，并且——这一点反动派并不清楚——是那么明显地具有资产阶级特征。一切想阻止资产阶级发展的反动企图都会像民主派的一切道义上的愤懑和热情的宣言一样，必然会被这个基础碰得粉碎。”[③]无产阶级革命绝不是一蹴而就的，而只能是“慢慢向前推进，在严酷顽强的斗争中夺取一个一个的阵地”[④]。无产阶级革命需要等待时机，需要等待经济社会的发展。

---

① 《马克思恩格斯文集》第2卷，人民出版社2009年版，第470—471页。
② 《马克思恩格斯文集》第4卷，人民出版社2009年版，第540页。
③ 《马克思恩格斯文集》第2卷，人民出版社2009年版，第176页。
④ 《马克思恩格斯文集》第4卷，人民出版社2009年版，第541页。

第三，社会经济结构决定经济结构内各阶级、阶层、集团等的社会特点及其之间的相互关系。马克思指出："无论哪一个社会形态，在它所能容纳的全部生产力发挥出来以前，是决不会灭亡的；而新的更高的生产关系，在它的物质存在条件在旧社会的胎胞里成熟以前，是决不会出现的。"[①]这就是著名的"两个决不会"。它说明社会经济结构决定着社会的性质和革命成功的可能性。1848 年前后，法国的阶级关系还没有简化到资产阶级和无产阶级两大阶级的对立，而是存在着众多阶级、阶层，除资产阶级和无产阶级外，还有农民阶级、小资产阶级等。即使是在资产阶级内部也还存在诸多阶层，如正统派、奥尔良派、金融资产阶级等。这些阶级各具特点而又矛盾重重，阶层之间也相互分离而钩心斗角。法国当时的阶级状况之所以纷繁复杂，最根本的原因还是由法国当时的经济结构造成的。法国虽然经历了大革命的洗礼，推翻了封建制度，初步确立了资本主义制度，但是资本主义制度和封建主义制度其后又反复较量，这就使法国的经济中既有资本主义的因素又有封建主义的因素，从而造成法国社会阶级众多，并且资产阶级内部也有不同的派别。这一时期，法国资本主义有初步发展但并不普遍，这就使法国的工业资产阶级和无产阶级在社会中都不占主体地位，大资产阶级虽然人数不多但霸占着国家政权，这中间还存在着大量的农民阶级和小资产阶级，这些阶级虽处于被统治地

① 《马克思恩格斯文集》第 2 卷，人民出版社 2009 年版，第 592 页。

位有要求革命的一面，但小私有者的经济地位又使他们对革命的态度不彻底、不积极，甚至在某种条件下还可能成为反革命的势力。当时法国社会各阶级之间、阶级内部各阶层之间矛盾尖锐，关系复杂。在这种情况下，无产阶级革命举步维艰。对此，马克思曾深刻指出，不发动农民和小资产者起来反对资产阶级制度，反对资本统治，法国的工人们是不能触动资产阶级制度的。

第四，阶级的意识形态同政治斗争关系密切并在政治斗争中起着重要的作用。意识形态是社会存在的反映，阶级的意识形态一旦形成，会对一定阶级的政治斗争起着促进或阻碍的作用。由于受法国经济社会发展状况的影响，当时法国无产阶级还不够成熟，与之相应的是，无产阶级还没有形成自己完整的阶级意识，再加上受资产阶级意识形态的蒙蔽，导致无产阶级的政治斗争还不够坚决有力，甚至把实现自己阶级利益的希望寄托在其他阶级手中。在他们眼里，“一切保皇党人都变成了共和党人，巴黎所有百万富翁都变成了工人。与这种在想象中消灭阶级关系相适应的词句，就是博爱——人人都骨肉相连、情同手足。这样和气地抛开阶级矛盾，这样温柔地调和对立的阶级利益，这样想入非非地超越阶级斗争”，“巴黎无产阶级就沉醉在这种宽大仁慈的博爱气氛中了”[①]。正因为如此，法国无产阶级天真地认为，他们能在资产阶级旁边实现自己的阶级利益，

① 《马克思恩格斯文集》第 2 卷，人民出版社 2009 年版，第 90 页。

“能在资产阶级旁边谋求自身解放，同样，他们也认为能够在其他资产阶级国家旁边实现法国国内的无产阶级革命”[①]。六月起义受到资产阶级和小资产阶级的联合镇压，击碎了法国无产阶级的迷梦，无产阶级的阶级意识开始逐渐觉醒，认识到只有实现无产阶级专政，才能实现自己的革命目标。农民阶级的境况也大抵如此。当时法国农民阶级是比较守旧和落后的，传统的思想观念影响和约束着法国农民的政治斗争。法国农民由于迷信拿破仑而相信他的侄子路易·波拿巴，甚至在选举中拥护路易·波拿巴登上了总统的宝座。但路易·波拿巴上台后，实施了和农民阶级的愿望背道而驰的政策。农民阶级这才认识到自己上当受骗了，认识到“只有资本的瓦解，才能使农民地位提高；只有反资本主义的无产阶级的政府，才能结束农民经济上的贫困和社会地位的低落”[②]，从而使农民“把负有推翻资产阶级制度使命的城市无产阶级看做自己的天然同盟者和领导者”[③]。

第五，社会经济发展创造阶级的代表性人物并决定其行动。历史创造英雄还是英雄创造历史，是唯物史观和唯心史观看待个人与时代、与代表的阶级之间的关系的原则分歧。马克思坚决反对唯心主义的暴力史观或英雄史观，而主张英雄人物是历史创造的，是一定阶级利益的人格化。在如何看待纷繁复杂的

① 《马克思恩格斯文集》第 2 卷，人民出版社 2009 年版，第 88 页。
② 《马克思恩格斯文集》第 2 卷，人民出版社 2009 年版，第 160—161 页。
③ 《马克思恩格斯文集》第 2 卷，人民出版社 2009 年版，第 570 页。

法国阶级斗争时，马克思指出，与唯心主义历史学家完全相反，“我则是证明，法国阶级斗争怎样造成了一种局势和条件，使得一个平庸而可笑的人物有可能扮演了英雄的角色”[①]。马克思认为，任何历史人物的出现都是历史的产物，是时代需要的结果。他指出，“每一个社会时代都需要有自己的大人物，如果没有这样的人物，它就要把他们创造出来”[②]。并且，这个人物不再是简单的名字，而是代表着一定利益和要求的集合体。就像拿破仑，在农民、小资产阶级、大资产阶级中甚至军队的投票中获得选举的胜利，他就成了当时法国能够“联合起来反对资产阶级共和国的一切派别的集合名词”[③]。马克思认为，判定某个历史人物是哪个阶级的代表人物、代表着哪个阶级的阶级利益，决不能从这个历史人物的外貌或言语中来判断，而是要以这个历史人物的思想为哪个阶级服务为根据。马克思指出：“不应该认为，所有的民主派代表人物都是小店主或崇拜小店主的人。按照他们所受的教育和个人的地位来说，他们可能和小店主相隔天壤。使他们成为小资产者代表人物的是下面这样一种情况：他们的思想不能越出小资产者的生活所越不出的界限，因此他们在理论上得出的任务和解决办法，也就是小资产者的物质利益和社会地位在实际生活上引导他们得出的任务和解决办法。一般说来，一个阶级的政治代表和著作界代表同他们所代表的

---

① 《马克思恩格斯文集》第 2 卷，人民出版社 2009 年版，第 466 页。
② 《马克思恩格斯文集》第 2 卷，人民出版社 2009 年版，第 137 页。
③ 《马克思恩格斯文集》第 2 卷，人民出版社 2009 年版，第 117 页。

阶级之间的关系，都是这样。”[①]这样一来，马克思就为评价历史人物确立了阶级分析的原则。

① 《马克思恩格斯文集》第 2 卷，人民出版社 2009 年版，第 501 页。

第二章　巴黎公社创建和《法兰西内战》理论丰碑

巴黎公社是国际共产主义运动的创举，是无产阶级专政的第一次伟大尝试，在整个国际共产主义运动史上占据着举足轻重的地位。马克思的《法兰西内战》通过对巴黎工人斗争及巴黎公社原则、经验、教训和实质的全面阐释，提出了一系列关于无产阶级国家政权建设的思想，是马克思主义发展史上的一座丰碑。

一、巴黎公社是“国际的精神产儿”

法国巴黎公社是19世纪国际工人运动发展的结果，是共产国际指导下的产物。

1. 19世纪50—60年代国际工人运动的新发展

1848年欧洲革命失败后，欧洲进入黑暗的政治反动时期，国际工人运动随之陷入低潮。但这一时期也是欧洲资本主义获得广泛发展的时期。资本主义世界市场已经形成，殖民制度基本建立，自由资本主义发展进入繁盛时期。一方面，随着资本主义的发展，工人阶级的力量不断壮大；另一方面，欧洲各国的反动势力日益嚣张，这就使资产阶级和无产阶级之间的阶级矛盾日益深化。1857 年爆发的第一次世界规模的资本主义经济危机，使阶级斗争更加尖锐。19 世纪 50—60 年代，欧洲各国的工人团体得到了恢复和发展，国际工人运动也出现了新发展。

马克思和恩格斯历来重视工人运动的国际联合和团结，虽然这一设想还没有得到实现，但他们在 1848 年欧洲革命失败后依然怀着坚定的信念，积极进行理论探索。根据资本主义发展规律和资产阶级社会的阶级矛盾，他们认为劳动群众运动的新高潮必将到来。马克思和恩格斯预见了工人运动的新高潮，便着手积聚由于失败和迫害而削弱了的工人阶级的力量，并总结不久以前的革命经验。列宁指出：“50 年代末和 60 年代民主运动复兴时期，马克思又投入实际活动。”[①]1849 年，法国和德国的反革命得逞后，马克思和恩格斯被迫先后流亡伦敦，在那里他们又重新开始共同的革命工作，开始恢复共产主义者同盟。1849 年 9 月，共产主义者同盟中央委员会重新成立，恩格斯参加了该委员会。

1859 年，伦敦建筑工人为争取九小时工作日制举行大规模

① 《列宁选集》第 2 卷，人民出版社 2012 年版，第 417 页。

罢工，并很快得到了各国工人的广泛同情和支持，工人运动冲破了长达十年之久的沉寂状态；1863 年德国工人在莱比锡召开全国工人代表大会，成立了全德工人联合会；1864 年法国工人迫使拿破仑三世政府废除了禁止工人结社和罢工的《列沙白里哀法》。此外，在奥地利、西班牙、比利时、意大利、瑞士等国，工人运动都得到了进一步的开展。

在激烈的阶级斗争中，各国工人的觉悟迅速提高，国际联系不断加强。1862 年，法国和德国的一些工人到伦敦参加世界博览会时，与英国工会联合总会商讨国际团结问题。1863 年，波兰人民举行民族起义，反对沙俄统治，遭到沙皇政府血腥镇压。英国工人在伦敦集会，声援波兰人民的正义抗议。1864 年 9 月 28 日，英国工业联合会在伦敦圣马丁堂召开群众大会，出席大会的有法国、德国、意大利、波兰、爱尔兰的工人代表，以及一些资产阶级民主人士。大会根据英国、法国工人代表的提议，决定建立一个国际性的工人协会，并选出一个由 21 个成员组成的临时委员会，国际工人协会宣告成立。这就是历史上的第一国际（1889 年第二国际成立后，国际工人协会改称第一国际）。第一国际是马克思主义和工人运动相结合的产物。在共产国际成立后，马克思为第一国际制定了活动的纲领性文献《国际工人协会成立宣言》和《国际工人协会共同章程》。这两个文献坚持《共产党宣言》所确立的基本原则，并使这些原则在新的历史条件下得到进一步发展。

第一，根据《共产党宣言》对工人阶级历史使命的论证，进一步阐发了这个伟大阶级的斗争目标。马克思在《共产党宣言》中对工人阶级的历史使命作出了这样的论证，“工人革命的第一步就是使无产阶级上升为统治阶级，争得民主。无产阶级将利用自己的政治统治，一步一步地夺取资产阶级的全部资本，把一切生产工具集中在国家即组织成为统治阶级的无产阶级手里，并且尽可能快地增加生产力的总量”[①]。根据这一论证，结合 1848 年以后国际工人运动的经验，马克思在给第一国际起草的《国际工人协会共同章程》中进一步阐发了这个伟大阶级的斗争目标。他指出，“劳动者在经济上受劳动资料即生活源泉的垄断者的支配，是一切形式的奴役的基础，是一切社会贫困、精神沉沦和政治依附的基础；因而工人阶级的经济解放是伟大的目标，一切政治运动都应该作为手段服从于这一目标”[②]。马克思的这一重要思想是在深刻总结国际工人运动经验的基础上形成的。首先，《共产党宣言》发表后，国际工人运动既有成功也有失败。在这一历史过程中，两件重要事实引起了马克思的注意。一是英国工人阶级经过 30 年惊人顽强的斗争，十小时工作日法案得以通过。马克思认为，这一法案对工厂工人在许多方面都有好处。资产阶级经济学家曾认为，任何对经济生活的人为干预都会导致“自然秩序”的破坏。因此他们断定，任何限制工时的立法都会为资本主义工业敲起丧钟。但实际的结果

① 《马克思恩格斯选集》第 1 卷，人民出版社 2012 年版，第 421 页。
② 《马克思恩格斯选集》第 3 卷，人民出版社 2012 年版，第 171 页。

是，十小时工作日立法，促进了工业的繁荣。因此，马克思指出："十小时工作日法案不仅是一个重大的实际的成功，而且是一个原则的胜利；资产阶级政治经济学第一次在工人阶级政治经济学面前公开投降了。"[①]二是"合作运动"，特别是工人们自己发起建立的合作工厂。马克思指出，工人们用事实证明，按照现代科学要求进行的大规模生产，没有雇主的参与，工人阶级也完全可以自己组织完成，雇佣劳动只是一种暂时的和低级的形式，"它注定要让位于带着兴奋愉快心情自愿进行的联合劳动"[②]。所以，马克思认为，这是劳动的政治经济学对财产的政治经济学取得的一个更大的胜利[③]。马克思的这一论断在当时具有十分重要的意义。

特别需要注意的是，马克思在19世纪50—60年代资本主义走向繁荣发展的时期，将经济解放作为工人阶级的伟大目标，向人们揭示了这样一个真理：在资本主义制度下，劳动和资本的对立、无产阶级和资产阶级的矛盾是不可调和的，资本主义经济的繁荣并不能给工人阶级的生活状况带来根本的改善。正如在《国际工人协会成立宣言》开头第一句话中马克思就指出的那样，"工人群众的贫困在1848年到1864年间没有减轻"[④]，"但是这个时期就工业的发展和贸易的扩大来说却是

---

① 《马克思恩格斯选集》第3卷，人民出版社2012年版，第8页。
② 《马克思恩格斯选集》第3卷，人民出版社2012年版，第9页。
③ 《马克思恩格斯选集》第3卷，人民出版社2012年版，第8页。
④ 《马克思恩格斯选集》第3卷，人民出版社2012年版，第1页。

史无前例的”[①]。这对工人阶级也是一个深刻的教育，要想获得经济解放，必须要通过工人阶级自己的斗争，把希望寄托在不触动资本主义制度条件下的点点滴滴的改良，并不能从根本上改变自己的命运。这是一种幻想。

第二，马克思在提出经济的解放是工人阶级伟大目标的同时，强调工人阶级要实现经济解放就必须争得政治上的权利。在《共产党宣言》中，马克思、恩格斯对无产阶级解放道路作出了原则性的阐述。在总结 1848 年欧洲革命经验教训的基础上，马克思、恩格斯通过著书立说，使无产阶级认识到企图在资本主义国家内部来改善自己的处境，是一种空想。但是 1848 年欧洲革命失败后，欧洲进入黑暗的反动政治统治时期，工人运动遭到血腥镇压，陷入低潮。在不少国家，工人群众对政治斗争产生消极情绪，产生了放弃斗争的想法，幻想在不触动资本主义制度的前提下，通过改良来达到实现工人解放的目的。在这种情况下，蒲鲁东、拉萨尔等的机会主义思想在工人阶级中广泛传播。19 世纪 60 年代工人运动重新高涨时，马克思根据形势的需要，重新强调阶级斗争的重要性。他指出，工人阶级要实现自身的解放，必须争得政治上的权利。

马克思在《国际工人协会成立宣言》和《国际工人协会共同章程》中都明确指出：“夺取政权已成为工人阶级的伟大使命。”[②]

① 《马克思恩格斯选集》第 3 卷，人民出版社 2012 年版，第 1 页。
② 《马克思恩格斯选集》第 3 卷，人民出版社 2012 年版，第 10 页。

这是在新的历史条件下，马克思主义关于无产阶级革命和无产阶级专政思想的进一步阐述。马克思为了提高工人阶级对夺取政权重要性的认识，通过分析各国工人运动的状况和前景，肯定了十小时工作日立法和合作运动取得的成绩，同时也指出了其历史局限性。马克思指出，“不管合作劳动在原则上多么卓越，在实际上多么有效，只要它仍然限于个别工人的偶然努力的狭隘范围，就始终既不能阻止垄断势力按照几何级数增长，也不能解放群众，甚至不能显著地减轻他们的贫困的重担”[①]。无产阶级要获得解放，合作运动要获得发展，就必须夺取政权，依靠政权的力量来实现。马克思指出，资产阶级和地主阶级不会支持工人阶级的劳动解放事业，“土地巨头和资本巨头总是要利用他们的政治特权来维护和永久保持他们的经济垄断的”[②]。所以，要真正解放劳动群众，实现对资本主义社会的彻底改造，就必须把社会有组织的力量即国家政权从资产阶级和地主阶级手中转移到工人阶级手中。马克思的这些分析对提高工人阶级觉悟，抵制各种机会主义思想的影响，推动工人运动具有积极的作用。

第三，进一步阐明了建立无产阶级政党的重要性，以及关于建立无产阶级政党的指导思想和组织原则的重要性。在《国际工人协会共同章程》中，马克思指出，创立第一国际的出发点就是“工人阶级的解放应该由工人阶级自己去争取”[③]。在这

① 《马克思恩格斯选集》第 3 卷，人民出版社 2012 年版，第 9 页。
② 《马克思恩格斯选集》第 3 卷，人民出版社 2012 年版，第 9 页。
③ 《马克思恩格斯选集》第 3 卷，人民出版社 2012 年版，第 171 页。

里马克思肯定了工人阶级的历史地位和历史作用，工人阶级是最先进、最彻底革命的阶级，工人阶级保持政治上、思想上和组织上的独立性，是争取自身解放不可或缺的条件。

马克思在《共产党宣言》中对无产阶级的产生、发展及其与资产阶级相互斗争的历史过程进行了考察，阐明了无产阶级的历史使命。无产阶级的斗争从分散的自发斗争，发展到有组织的自觉斗争，把个别工人或工厂反对资本家的斗争汇集成整个无产阶级反对资产阶级及其政府的阶级斗争，进而发展到以夺取政权为目标的政治斗争。无产阶级在反复的斗争中，认识到了必须团结起来组织自己的政党来领导自己反对资产阶级的重要性。这样就使无产阶级从自在阶级转变为自为阶级，成为资本主义制度的掘墓人。《国际工人协会共同章程》指出："无产阶级在反对有产阶级联合力量的斗争中，只有把自身组织成为与有产阶级建立的一切旧政党不同的、相对立的政党，才能作为一个阶级来行动。"[①]"为保证社会革命获得胜利和实现革命的最高目标——消灭阶级，无产阶级这样组织成为政党是必要的。"[②]无产阶级必须要建立自己的政党，制定出正确的纲领和策略，否则就难以在争取自身解放的斗争中取得胜利。正是由于在第一国际成立前不少国家的工人运动都出现过这一问题，马克思在这里才反复强调要建立自己的政党的重要性。

① 《马克思恩格斯选集》第 3 卷，人民出版社 2012 年版，第 173 页。
② 《马克思恩格斯选集》第 3 卷，人民出版社 2012 年版，第 173—174 页。

《国际工人协会成立宣言》和《国际工人协会共同章程》还论述了党的组织思想和指导原则的重要性。在《国际工人协会成立宣言》中，马克思指出："工人的一个成功因素就是他们的人数；但是只有当工人通过组织而联合起来并获得知识的指导时，人数才能起举足轻重的作用。"① 马克思这里所说的"知识的指导"就是革命理论的指导。只有用革命理论的指导，才能建立起无产阶级的先锋队，如果用非马克思主义思想，或者是蒲鲁东主义等机会主义思想指导，建立起来的只能是工人阶级的宗派组织。《国际工人协会共同章程》的第七条规定："既然每个国家的工人运动的成功只能靠团结和联合的力量来保证，而国际总委员会活动的成效又在很大程度上取决于它是同少数全国性的工人协会中心还是同许多小而分散的地方性团体联系，所以，国际协会的会员应竭力使他们本国的分散的工人团体联合成以全国性中央机关为代表的全国性组织。"② 第一国际确立的这些原则，为以后各国政党的建设提供了榜样。

把第一国际主要文献表述的几个问题和《共产党宣言》的若干基本原则作粗略的比较，就可以清楚地看到它们之间的内在联系。《共产党宣言》的基本原则依据工人运动的新形势、新特点和新要求在国际文献中得到深刻的、巧妙的再现。这种再现并不是简单的重复，而是有所发挥、有所前进，特别是其中

① 《马克思恩格斯选集》第3卷，人民出版社2012年版，第10页。
② 《马克思恩格斯选集》第3卷，人民出版社2012年版，第173页。

所包含的对新经验所作的理论概括，给科学社会主义增添了新的内容。

2. 解放道路理论在批判蒲鲁东主义、巴枯宁主义的斗争中丰富和完善

蒲鲁东和巴枯宁都是无政府主义的著名人物，是工人运动中小资产阶级社会主义派别的主要代表。对蒲鲁东主义和巴枯宁主义的批判，推动了马克思主义无产阶级解放道路理论的丰富和完善。

第一，马克思对蒲鲁东主义的批判，使无产阶级革命道路得到进一步阐述和发展。马克思主义和蒲鲁东主义的斗争可以追溯到第一国际成立前十七年。《哲学的贫困》和《贫困的哲学》的交锋，只是从理论上清算了蒲鲁东无政府主义的学说，但并未消除其在工人运动中的影响。第一国际成立后，马克思主义与蒲鲁东主义的斗争主要围绕第一国际的性质和任务、废除私有制和无产阶级怎样对待民族解放运动等主题展开。

关于第一国际的性质和任务，马克思在《国际工人协会成立宣言》和《国际工人协会共同章程》中作出了明确规定。第一国际是无产阶级的战斗组织，它的任务是领导无产阶级进行革命斗争，夺取政权，“革命的最高目标——消灭阶级”[①]。蒲鲁东主义者则反对上述规定，他们认为第一国际的任务应该是

① 《马克思恩格斯选集》第 3 卷，人民出版社 2012 年版，第 173—174 页。

研究经济问题，公开反对政治斗争，反对组织工会和举行罢工，企图通过建立“交换银行”和“合作社”来实现他们所谓的社会主义。为了回击蒲鲁东主义者的攻击，马克思在第一国际日内瓦大会召开前，写了《临时中央委员会就若干问题给代表的指示》，进一步阐明了《国际工人协会成立宣言》和《国际工人协会共同章程》的基本思想，总结了工人运动实践经验，制定了第一国际具体行动路线，有力地批判了蒲鲁东主义，并将该路线作为国际无产阶级争取自身解放的行动纲领。

关于废除私有制，特别是废除土地私有制的问题，马克思主义和蒲鲁东主义进行了长期的争论，这场争论关系到整个国际共产主义运动的性质和最终目的。在第一国际洛桑代表大会上，双方就土地公有化问题进行了长时间的争论，最后相持不下，决定把这个问题提交给下次代表大会继续讨论。这是马克思主义与蒲鲁东主义就土地所有制问题进行的第一次交锋。1868 年，在布鲁塞尔第三次代表大会上，马克思的拥护者批驳了右派蒲鲁东主义的观点，指出在资本主义制度下，小农经济的破产是不可避免的。大会成立了土地所有制问题专门委员会。经过激烈的争论，大会最终以多数票通过了全部土地公有化的决议案。这是对蒲鲁东主义的一个沉重打击。

19 世纪 50—60 年代，世界各地的民族解放运动蓬勃发展，特别是 1863 年 1 月爆发的波兰人民武装斗争，沉重打击了沙皇俄国侵略者。蒲鲁东主义者反对波兰民族解放运动，而马克思、恩格斯认为，被压迫民族的民族解放运动和无产阶级解放事业有着密不可分的联系，是无产阶级革命胜利的前提和保证。在日内瓦代表大会上，根据马克思的指示，大会通过了《关于消除俄国在欧洲的影响和复兴民主波兰》的决议。这个决议充分显示了第一国际坚持无产阶级国际主义的立场，表明了在一些重大原则问题上马克思主义对蒲鲁东主义的胜利。

工人运动的发展，特别是巴黎公社的革命实践，使蒲鲁东主义者受到了更为沉重的打击，他们的机会主义理论在实践中也遭到了失败。

第二，马克思对巴枯宁主义的批判，使马克思主义无产阶级国家学说有了新的进展。巴枯宁主义就是以巴枯宁为代表的小资产阶级无政府主义思想，其实质是极端的个人主义。19 世纪 60 年代中后期，巴枯宁建立了一个秘密的政治团体——“国际兄弟同盟”，在为其起草的章程和纲领中，巴枯宁第一次系统地说明了自己的无政府主义观点。接着发表了一系列小册子进行补充和申述，形成了一整套无政府主义思想。第一国际成立后不久，巴枯宁就混入第一国际中进行阴谋活动。马克思、恩格斯领导第一国际，同巴枯宁主义进行了大约七年的斗争，特别是在 1872 年 9 月他们出席并领导的国际海牙代表大会上，把巴枯宁开除出去，取得了反巴枯宁主义的决定性胜利。

巴枯宁主义反映了资本主义发展过程中破产小资产阶级的绝望情绪，核心是要求个人绝对自由，即所谓的“充分的和无条件的”自由，鼓吹“无政府状态”，无条件地反对任何权威和国家，主张废除继承权。他认为，既然国家是主要的祸害，那么工人阶级就应该放弃一切政治活动，拒绝参加选举。巴枯宁主义否定无产阶级的伟大历史使命，否定建立无产阶级政党的必要性，在思想理论和政治实践上表现出疯狂性和破坏性，给工人运动带来了很大的危害。马克思、恩格斯对巴枯宁主义的批判，使无产阶级国家学说得到进一步的论证和发挥。

巴枯宁反对无产阶级专政，攻击马克思主义的国家学说。他对《共产党宣言》中无产阶级上升为统治阶级这个论断十分反感，“如果无产阶级成了统治阶级，它去统治谁呢？这就意味着，将来还有另一个无产阶级要从属于这个新的统治，新的国家”[①]。因此，巴枯宁认为，即使是人民国家也不能给人民所需要的东西，其实质不过是“少数知识分子因而也是特权分子自上而下地对群众进行管理”[②]。马克思、恩格斯对巴枯宁的这一谬论进行了批判，并进一步阐明了无产阶级的国家学说。

马克思认为，无产阶级革命的最终目的不是消灭阶级，而是消灭阶级统治的工具——国家。但是首先要通过实现社会变革，打碎资产阶级的国家机器，建立无产阶级专政，在消灭生产资料私有制和消灭阶级的基础上，实现国家的自行消亡。马克思还进一步论述了无产阶级通过暴力革命建立无产阶级专政的思想。马克思说：“暴力应当是我们革命的杠杆；为了最终地建立劳动的统治，总有一天正是必须采取暴力。”[③]马克思在《巴

① 《马克思恩格斯选集》第3卷，人民出版社2012年版，第337页。
② 《马克思恩格斯全集》第18卷，人民出版社1964年版，第662页。
③ 《马克思恩格斯全集》第18卷，人民出版社1964年版，第179页。

枯宁〈国家制度和无政府状态〉一书摘要》中，精辟地分析了在打碎资产阶级国家机器之后，建立无产阶级统治、实行无产阶级专政的必要性及其重要意义。马克思说："只要其他阶级特别是资本家阶级还存在，只要无产阶级还在同它们进行斗争（因为在无产阶级掌握政权后无产阶级的敌人和旧的社会组织还没有消失），无产阶级就必须采用暴力措施，也就是政府的措施；如果无产阶级本身还是一个阶级，如果作为阶级斗争和阶级存在的基础的经济条件还没有消失，那么就必须用暴力来消灭或改造这种经济条件，并且必须用暴力来加速这一改造的过程。"[①]恩格斯根据巴黎公社革命的实践经验和教训进一步指出，无产阶级取得革命胜利后，决不能马上废除国家，搞无政府状态，而必须建立强大的无产阶级专政。否则，"就是破坏胜利了的无产阶级能用来行使自己刚刚夺取的政权、镇压自己的资本家敌人和实行社会经济革命的唯一机构，而不进行这种革命，整个胜利最后就一定归于失败，工人就会大批遭到屠杀，巴黎公社以后的情形就是这样"[②]。

在国家最终命运的问题上，二者殊途同归，都认为国家的最终结果是灭亡，至于国家是如何灭亡的，则又成为二者争论的焦点。马克思认为，首先应该在成熟工业国家里建立无产阶级政党，由这支队伍带领人民进行斗争，从而获得国家政权。

① 《马克思恩格斯选集》第 3 卷，人民出版社 2012 年版，第 337 页。
② 《马克思恩格斯选集》第 4 卷，人民出版社 2012 年版，第 559 页。

在无产阶级专政的基础上，建立一个以集体主义为原则的新型国家，并将以前在资产阶级政权下夺得的物质财富转移到新政权手中。但巴枯宁认为，应该立即在整个欧洲地区通过暴力手段进行社会革命，这场革命不需要任何组织，只需要发动，最终建立自治性公社联盟来代替国家的存在。

由于马克思、恩格斯把批判巴枯宁的无政府主义同阐发马克思主义的国家学说紧密地结合在一起，因而对巴枯宁主义批判的深入，有力地推动了马克思主义国家学说的发展。

3. 巴黎公社革命爆发的社会历史原因和思想原因

1871 年 3 月 18 日爆发的巴黎公社革命，是世界近代史上无产阶级反对资产阶级的一场伟大的革命运动。这场革命运动的爆发，有其深刻的社会历史原因和思想原因。

首先，巴黎公社革命爆发的社会历史原因。一是法国社会经济状况及由其导致的阶级矛盾的激化导致巴黎公社革命的爆发。19 世纪 50—60 年代，法国的资本主义有了进一步的发展。伴随着一批大工业和重工业的建立，法国工业革命基本完成。但此时正值法兰西第二帝国的统治下，金融资本的发展尤为突出，一些工业巨头和金融寡头控制着银行、铁路和航运等国计民生行业，财富越来越集中在少数人手中，这就导致这样一种状况："随着大资产阶级的发财致富和劳动人民日益贫困，社会的阶级矛盾进一步激化。工人劳动时间长达 13—16 小时。巴黎的产业工人中，女工和童工占30%以上，但她们的工资分别只有男工的55%和12%。工人几乎没有人身自由，对政府稍有不满的人就要遭到迫害和逮捕。在农村，大规模的土地兼并使近400万农民失去了土地。农民的赋税也由全年7亿法郎增加到12亿法郎。城市小资产阶级受大资产阶级的排挤不断加强，很多中小企业破产，负债累累。”[①]法国社会阶级矛盾空前紧张，革命一触即发。二是法国无产阶级自身的革命性，推动着巴黎公社革命的爆发。这种革命性主要体现在两个方面：其一，受启蒙思想的影响。巴黎这个欧洲城市之前也受到过封建思想的禁锢，人们的身心都受到极大的压迫，当解放思想在欧洲兴起时，受到了巴黎人民的强烈欢迎。面对现实，受到先进思想熏陶的巴黎人民极力希望通过革命将这些迫害人民的势力打倒，所以才爆发了革命。其二，巴黎人民的公民意识极强。他们热情关注社会，在作为一名合法公民的同时，也十分珍惜随之而来的权利。在这样的环境下，人们会格外关注社会大环境中发生的各种事情，特别是那些事关人们生活的事情。巴黎人民通过这种方式，获得了各种收益，自身的利益不断得到满足，并会继续坚定地参加各种活动。历史上的许多活动都有工人阶级的参与。因为他们一旦停止生产，对社会产生的影响就会很大，只有斗争才能更快更好地实现他们想要的效果，因此他们参加

① 陈之骅:《巴黎公社与马克思的〈法兰西内战〉——纪念巴黎公社革命150周年》,《世界社会主义研究》2021年第10期。

社会斗争的次数也越来越多。三是普法战争法国战败直接引致了巴黎公社革命的爆发。1870年7月，拿破仑三世挑起法国与普鲁士的战争，结果是法军惨败。9月2日，被围困在色当的法国皇帝拿破仑三世下令投降，法兰西第二帝国随之崩溃。9月4日，巴黎爆发革命，宣布成立法兰西第三共和国，资产阶级共和派组成了新的政府，称为“国防政府”。普鲁士不满足于拿破仑三世的投降，继续进攻法国。9月19日，普军包围巴黎。战争的惨败，使法国工人阶级的不满情绪持续增长。法国工人阶级持续增长的不满情绪，可追溯到19世纪30年代发生在里昂和巴黎的第一次起义。多年来不断加剧的贫富分化，再加上当时食物短缺，军队失败，还有普军的不断炮轰，这些大大激化了社会各界的不满。巴黎市民，特别是工人阶级和下层中产阶级，一直以来都希望能建立一个民主共和国。一个比较明确的要求是巴黎应该自治，拥有自己选举产生的议会，享有和其他法国小城镇同样的权利，但反动政府出于对所谓不法平民的担心一直拒绝这一要求，巴黎最终爆发起义。

其次，巴黎公社革命爆发的思想原因。巴黎公社爆发于第一国际成立后第七年，此时，这个工人阶级国际组织已日益强大，参加的人越来越多，它在工人运动中的影响也不断扩大。特别是通过对国际内部蒲鲁东主义、巴枯宁主义和其他机会主义的批判，马克思主义在工人运动中得到更广泛的传播。巴黎公社正是在马克思主义思想的影响下，在第一国际革命精神的鼓舞下诞生的，因此，恩格斯说：“公社无疑是国际的精神产儿。”①

1864 年 9 月 28 日，在伦敦圣马丁堂成立了第一国际。第一国际成立后，就积极促进工人运动的国际联合。在第一国际的纲领和章程的起草中，马克思以科学社会主义原理为指导，结合国际工人运动的发展现状和趋势，先后撰写了《国际工人协会成立宣言》和《国际工人协会共同章程》，为第一国际正确路线的制定做出了极为重要的贡献，在结合 1848 年欧洲革命失败后国际工人运动实践经验的基础上发展了马克思主义。

在第一国际思想的影响下，巴黎国际组织内部也出现了分化。一部分蒲鲁东主义者开始接受国际的社会主义思想。1868 年以后，以瓦尔兰为代表的左派蒲鲁东主义者在许多问题上已经逐渐摒弃蒲鲁东主义的观点，主张无产阶级应当积极参加政治斗争，组成工会，进行罢工和示威游行。第一国际在工人中的影响不断扩大。

普法战争爆发后，法国的民族矛盾和阶级矛盾更加激化。根据马克思关于普法战争的两篇宣言的精神，巴黎国际组织积极揭露投降派的阴谋，恢复和整顿巴黎联合会及其支部，帮助工人群众坚定地为无产阶级利益而战斗。在第一国际的思想影响下，巴黎工人阶级的思想普遍左倾，工人阶级先进战士的思想逐渐接近科学社会主义。正是因为这样，当梯也尔政府进行武装挑衅时，巴黎人民才奋起反抗，夺取政权。第一国际的思

① 《马克思恩格斯选集》第 4 卷，人民出版社 2012 年版，第 515 页。

想原则为巴黎公社革命奠定了思想基础。

二、马克思《法兰西内战》的框架结构和基本内容

马克思的《法兰西内战》一书是对法国巴黎公社革命全面深刻的总结，内容丰富，逻辑严密，具有鲜明的理论特色。

1.《法兰西内战》的框架结构和理论特色

（1）关于《法兰西内战》的框架结构。

《法兰西内战》即马克思在巴黎公社革命失败后的第三天向国际工人协会总委员会会议宣读的由其本人起草的《国际工人协会总委员会宣言》。1891 年再版时恩格斯撰写了导言，并且恩格斯把马克思于 1879 年 7 月和 9 月为国际工人协会总委员会起草的两篇宣言也加了进去。这样,《法兰西内战》就由四章正文，附录一、二,《法兰西内战》初稿（摘录）、二稿（摘录）及导言这几部分构成。

“恩格斯写的 1891 年版导言”。1891 年，为纪念巴黎公社革命 20 周年，总结巴黎公社以来国际工人的运动状况，恩格斯重新校订了《法兰西内战》的译文，并撰写了一篇导言。在这篇导言里，恩格斯全面总结了法国 1848 年革命以来阶级斗争的基本经验，阐述了巴黎公社革命的根本性质和历史经验，论述了马克思起草的两篇宣言和《法兰西内战》的基本思想与历史

意义，进一步丰富和发展了无产阶级革命和专政的理论。首先，恩格斯高度评价了马克思在关于普法战争的两篇宣言和分析这些事变的性质、意义及其必然后果中所表现出来的惊人才能。其次，恩格斯总结了 1789 年法国大革命，特别是 19 世纪 40 年代以来历次阶级斗争的经验教训，一针见血地指出在法国爆发的每次革命都不能不带有某种无产阶级性质。再次，恩格斯对《法兰西内战》中的叙述作了一些补充，对布朗基主义和蒲鲁东主义进行具体分析，认为无产阶级要有马克思主义科学理论作指导，要有马克思主义政党的领导才能取得彻底胜利。最后，恩格斯运用马克思在《法兰西内战》中的国家学说，指出要打碎旧的国家政权而以新的真正民主的国家政权来代替，工人阶级一旦取得领导权就不能继续运用旧的国家机器来进行管理，并对无产阶级国家政权的形式作了深刻阐述。

国际工人协会总委员会关于普法战争的两篇宣言。1870 年 7 月 19 日，普法战争爆发。为了帮助德、法工人阶级科学认识这场战争的性质和应该采取的态度，7 月 23 日，国际工人协会总委员会发表了马克思起草的关于普法战争的第一篇宣言。在这篇宣言中，马克思揭露了法国统治阶级发动战争的罪恶目的，戳穿了普鲁士统治者参加战争的险恶用心。马克思指出，无产阶级应该坚决反对掠夺性的战争，必须以革命手段加以制止，并为法国和德国的工人阶级制定了正确的对待战争的方针和策略。马克思的这篇宣言提出，只有在全世界消灭剥削制度以后才能根绝一切战争，实现人类的持久和平。9 月 4 日，巴黎人民通过革命推翻了法兰西第二帝国的统治，成立了法兰西第三共和国，战争的性质也随之发生变化。为了给德、法工人提供新的行动指南，9月9日，国际工人协会总委员会发表了马克思起草的关于普法战争的第二篇宣言。在第二篇宣言中，马克思戳穿了法国国防政府的反动本质，揭露了普鲁士政府的掠夺计划和德国资产阶级所谓爱国主义实质，认为普法战争实质上是一场王朝之战。马克思根据战争形势的变化为德、法无产阶级制定了具体的政策。并且，在第二篇宣言中，马克思高度赞扬了德、法、英等国先进工人的国际主义精神。马克思指出在这场王朝战争中，德、法工人阶级要相互支持，共同追求和平和友谊，进一步号召全世界工人阶级团结起来，发扬无产阶级国际主义精神，反对侵略战争。

《法兰西内战》共分为四章，重点在第三章。

第一章，马克思揭露了法国资产阶级政府投降卖国，挑起内战的反动本质。马克思用了一章来揭露国防政府及其成员梯也尔、特罗胥等的叛国行为和残酷镇压巴黎人民的罪恶行径，并通过报刊、法律文件公布出来的一些内容，揭露国防政府的主要成员口头上说“巴黎总督是永远不会投降的”[1]“决不会让出我们的一寸领土，决不会让出我们碉堡上的一块石头”[2]的虚假性，因为实际上他们的计划是使巴黎投降，“他们‘防御’的不是普

① 《马克思恩格斯选集》第3卷，人民出版社2012年版，第77页。
② 《马克思恩格斯选集》第3卷，人民出版社2012年版，第77页。

鲁士的士兵，而是巴黎的工人”[①]。马克思接下来继续写道：“到1871年1月28日，骗子们终于丢开了假面具。国防政府投降了，它视极度的自甘屈辱为真正的英雄行为，变成了由俾斯麦的俘虏组成的法国政府——这样一个屈辱的角色，甚至连路易·波拿巴在色当时都未敢承当。”[②]马克思还从个人品质方面揭露了国防政府一些主要成员的斑斑劣迹和无耻嘴脸。马克思对国防政府几个主要官员的个人品行进行的准确描述昭示着这些人的虚假本质，即他们是违反法律的罪犯，背叛巴黎人民而倒向普鲁士政府的叛国者。梯也尔作为他们的首脑，是一个典型的背信弃义、出尔反尔的小人。马克思历数了梯也尔的罪状，并用梯也尔自己的话（1833年1月5日在众议院的演说）进行了总结，他“一向只依靠三种资源：外敌入侵、内战和无政府状态”[③]。这就将一个政治投机分子的嘴脸暴露无遗。

第二章，马克思具体论述了巴黎工人起义的经过，系统总结了斗争的经验教训。马克思指出：“武装的巴黎是实现反革命阴谋的唯一严重障碍。因此必须解除巴黎的武装。”[④]梯也尔政府以巴黎国民自卫军的大炮是属于国家的，必须交还国家为借口，要求巴黎放下武器。马克思指出，这些武器是普军开进巴黎前夕，投降派故意遗弃在普军即将进驻的那些街区的，并且

① 《马克思恩格斯选集》第3卷，人民出版社2012年版，第77页。
② 《马克思恩格斯选集》第3卷，人民出版社2012年版，第77页。
③ 《马克思恩格斯选集》第3卷，人民出版社2012年版，第84页。
④ 《马克思恩格斯选集》第3卷，人民出版社2012年版，第86页。

这些武器是由国民自卫军筹款置备的，而且在1871年1月28日的投降书中，梯也尔政府正式承认这些武器是国民自卫军自有的财产，因而没有将它们列入应该缴给胜利者的属于政府的武器总数内。所以马克思认为这是梯也尔政府找到的最蹩脚的借口来对巴黎开战。因此，梯也尔发动的内战，由于国民自卫军的抵抗和战斗团士兵对人民的同情，其企图出其不意地夺走国民自卫军的大炮的阴谋没有得逞。这时发生了两件事情：一是参加夜袭蒙马特尔的波拿巴军官勒孔特将军，曾四次命令第81战斗团开枪射击聚集在皮加尔广场上的手无寸铁的群众，而当士兵拒绝执行他的命令时，他就百般辱骂他们，最后士兵没有射击妇孺而把他枪毙了。二是克莱芒·托马，在任总司令的整个期间，他不向普军作战，而向巴黎国民自卫军作战，重新赢得了他在六月屠杀实践中享有的巴黎工人阶级大仇人的殊荣。在1871年3月18日的前几天，他向陆军部部长勒夫洛呈递了他一手炮制的"彻底消灭巴黎暴民之精粹"的计划，不过他充当密探时，死于高地之上。

随后，反动统治者们制定了一个愚蠢的计划，试图在举行徒手的游行示威的幌子下做到约瑟夫·维努瓦[①]用大炮和机关枪所没有做到的事情，即所谓的"旺多姆广场上屠杀赤手空拳公民"事件。1871年3月22日，从富人区吵吵闹闹地走出了一群派头十足的人物，他们暗中携带杀人凶器，在街上列队行

① 此人为保守派，波旁党人，曾试图率军夺取蒙马特大炮，但失败了。

进，遇到国民自卫军就加以凌辱并缴械，走出和平街时企图冲过岗哨的警戒线，出其不意地占领设在旺多姆广场上的国民自卫军总部。结果国民自卫军一开枪就把他们吓跑了。仅仅过了两天，他们就又纠合在一起，进行武装示威，但终归失败了，以梯也尔政府窜逃凡尔赛收场。

但是巴黎起义后，国民自卫军内部出现分歧，为一些琐事争论不休，没有坚决地镇压反革命，同时他们对敌人过于宽容，也没有没收当时的金融中心——银行。相反，梯也尔政府却加紧对国民自卫军和巴黎人民的疯狂报复，大批地杀害巴黎的俘虏和放下武器的平民。这些因素终致巴黎公社革命失败。因此，马克思认为，无产阶级夺取政权后，必须继续革命，坚决镇压反革命，将革命进行到底。

第三章，是重点章，马克思运用了很多的篇幅深刻揭露旧国家政权的压迫性质，并阐述了巴黎公社无产阶级政权的实质。马克思指出，巴黎公社的伟大意义就在于无产阶级第一次推翻了资产阶级的政权，建立了无产阶级专政的政权。

第一，无产阶级第一次建立自己的政权。无产阶级建立自己的政权首要任务是打碎旧有的国家机器。帝国是在资产阶级已经丧失统治国家的能力而工人阶级又尚未获得这种能力时唯一可能的统治形式，它的直接对立物就是公社。马克思指出，作为中央集权的国家政权连同其遍布各地的机关，是按照系统的和等级的分工原则建立的，源于专制君主制时代。在历史发展的进程中，“每经过一场标志着阶级斗争前进一步的革命以后，国家政权的纯粹压迫性质就暴露得更加突出”[①]。但巴黎公社打碎了这种“中央集权的国家政权”，即废除了常备军、警察和教会，通过普选选出市政委员、法官和审判官。公社废除了常备军，代之以武装的人民；由巴黎各区通过普选选出的市政委员组成公社，这些委员对选民负责，随时可以罢免；公社的法官和审判官均由选举产生，对选民负责，并且可以罢免；铲除了常备军和警察这两支旧政府手中的物质力量，宣布教会与国家分离，剥夺教会占有的一切财产，摧毁作为其压迫工具的“精神力量”——僧侣势力。

第二，推翻旧的集权政府，建立生产者的自治政府。马克思指出，巴黎公社作为法国一切大工业中心的榜样，要在巴黎及次一级的各中心城市确立起来，“在外省，旧的集权政府就也得让位给生产者的自治政府。在公社没有来得及进一步加以发挥的全国组织纲要上说得十分清楚，公社将成为甚至最小村落的政治形式”[②]，因此，马克思认为，“公社的存在本身自然而然会带来地方自治”[③]。

第三，实现了廉价政府这一口号，给共和国奠定了真正民主制度的基础。马克思高度赞扬了公社在建立廉价政府方面的做法，取消了常备军和国家官吏这两个最大的开支项目。公社的存在意味着在欧洲是阶级统治的真正赘瘤和不可或缺的外衣

① 《马克思恩格斯选集》第3卷，人民出版社2012年版，第96页。
② 《马克思恩格斯选集》第3卷，人民出版社2012年版，第99页。
③ 《马克思恩格斯选集》第3卷，人民出版社2012年版，第101页。

的君主制已经不复存在，给共和国奠定了真正民主制度的基础。他指出，“公社能使农民免除血税，能给他们一个廉价政府，能把现今吸吮着他们鲜血的公证人、律师、法警和其他法庭吸血鬼，换成由他们自己选出并对他们负责的领工资的公社勤务员。公社能使他们免除乡警、宪兵和省长的残暴压迫，能用启发他们智慧的学校教师去代替麻痹他们头脑的教士”[①]。公社在民主制度建设方面是典范性的。

第四，发现可以使劳动在经济上获得解放的政治形式。马克思在这里指出：无论是廉价政府还是“真正共和国”，都不是终极目标，而只是“伴生物”。“公社的真正秘密就在于：它实质上是工人阶级的政府，是生产者阶级同占有者阶级斗争的产物，是终于发现的可以使劳动在经济上获得解放的政治形式”[②]。马克思通过巴黎公社得出了一个非常重要的结论，就是劳动者阶级的经济上的解放，“如果没有最后这个条件，公社体制就没有存在的可能，就是欺人之谈”[③]。这是马克思在唯物史观上的一个重要观点，经济基础决定上层建筑。马克思指出：“生产者的政治统治不能与他们永久不变的社会奴隶地位并存。所以，公社要成为铲除阶级赖以存在、因而也是阶级统治赖以存在的经济基础的杠杆。”[④]劳动一经解放，每个人都变成了工人，生产

① 《马克思恩格斯选集》第 3 卷，人民出版社 2012 年版，第 105 页。
② 《马克思恩格斯选集》第 3 卷，人民出版社 2012 年版，第 102 页。
③ 《马克思恩格斯选集》第 3 卷，人民出版社 2012 年版，第 102 页。
④ 《马克思恩格斯选集》第 3 卷，人民出版社 2012 年版，第 102 页。

劳动也就不再是一种阶级属性了。

第五，通过公社所采取的一系列措施，马克思看到了公社能够使个人所有制成为现实的可能性。马克思在这里指出："它是想要把现在主要用做奴役和剥削劳动的手段的生产资料，即土地和资本完全变成自由的和联合的劳动的工具，从而使个人所有制成为现实。"[①]马克思提出了"联合起来的合作社""按照共同的计划调节全国生产""控制全国生产""结束无时不在的无政府状态和周期性的动荡"等一系列想法。但是马克思同时指出，"工人阶级不是要实现什么理想，而只是要解放那些由旧的正在崩溃的资产阶级社会本身孕育着的新社会因素"[②]。重建个人所有制所需要的物质基础正是源于资本主义自身的发展。资本主义的私有制是对以自己劳动为基础的私有制的第一个否定，而在资本主义发展过程中又造成了对自身的否定。

第四章，马克思控诉了梯也尔屠杀巴黎人民的罪恶行径，高度赞扬了巴黎工人阶级的革命斗争精神和公社革命的伟大意义。梯也尔逃往凡尔赛后，假装和巴黎议和以争取时间准备对巴黎作战。但公社战士的英雄气概表明，凭梯也尔的谋略和所掌握的武装力量，巴黎的抵抗是无法击破的。于是梯也尔将希望寄托于外省的支援，但是马克思指出，"他和外省的关系越来越紧张了"，"来自四面八方的代表团和宣言，都是用很不尊敬的口气坚决要

① 《马克思恩格斯选集》第 3 卷，人民出版社 2012 年版，第 102—103 页。
② 《马克思恩格斯选集》第 3 卷，人民出版社 2012 年版，第 103 页。

求同巴黎和解，而和解的基础是毫不含糊地承认共和国，确认公社规定的各项自由权利，解散任期已满的国民议会”[①]。在这种情况下，梯也尔先是把“呼吁和解”当作罪行查办，此后又改变策略，按照他自己让国民议会通过的新市镇法在全国进行市镇选举。然而，在法国尚存的 35 000 个市镇所选出的 70 万名市议员中，联合起来的正统派、奥尔良派和路易·波拿巴派总共还不到 8000 人。“意味着它彻底失败的是，法国所有城市新选出的市议会给凡尔赛的这个篡权的国民议会以公开的威胁，即决定在波尔多召集一个与之针锋相对的国民议会。”[②]

梯也尔对公社的镇压师出无名，也得不到法国各方面的支持。但是俾斯麦和梯也尔缔结了条约，并释放被俘的拿破仑三世的士兵支持梯也尔消灭巴黎公社。马克思指出，“每当资产阶级秩序的奴隶和被压迫者起来反对主人的时候，这种秩序的文明和正义就显示出自己的凶残面目”[③]。凡尔赛军队开进巴黎后，对巴黎全体人民，包括男人、妇女和儿童进行了一星期的屠杀。马克思对梯也尔的士兵的暴行进行了愤然的揭露。这次法国和普鲁士的联合行动，并没有证明正在崛起的新社会被彻底毁灭了，而是证明资产阶级旧社会已经完全腐朽了。

马克思接着谈到了第一国际，认为“我们的协会只是文明世界各国最先进的工人之间的国际纽带。无论在何处，在

① 《马克思恩格斯选集》第 3 卷，人民出版社 2012 年版，第 113 页。
② 《马克思恩格斯选集》第 3 卷，人民出版社 2012 年版，第 116 页。
③ 《马克思恩格斯选集》第 3 卷，人民出版社 2012 年版，第 118 页。

何种形式或何种条件下，只要进行着阶级斗争，自然总是我们协会的会员站在最前列”[①]。并再次强调了第一国际的目标和宗旨就是铲除资本对劳动的专横统治。最后，马克思对巴黎公社的历史意义进行了深刻的总结。马克思指出，“工人的巴黎及其公社将永远作为新社会的光辉先驱而为人所称颂。它的英烈们已永远铭记在工人阶级的伟大心坎里”[②]。巴黎的工人们对伟大事业极为执着，具有自我牺牲的英雄气概，他们是整个无产阶级的先锋队。巴黎公社革命为无产阶级事业开辟了新纪元。

初稿（摘录）和二稿（摘录）。在初稿（摘录）部分，马克思对公社的产生、采取的社会措施、性质，以及公社与农民、小资产阶级、中产阶级的关系进行了重点分析，批驳了一些错误观点和认识。在二稿（摘录）中，马克思指出，工人阶级不能简单地掌握现存的国家机器并运用这个现成的工具来达到自己的目的，因为奴役他们的工具不能当作解放他们的政治工具来使用。公社的意义就在于初步破坏了旧国家政权最后的形式，即法兰西第二帝国这个机器，代之以真正的自治，成立工人阶级的政府，规定所有公职人员都是公社的勤务员、社会的公仆，不能凌驾于社会之上来执行政府的职能。

（2）关于《法兰西内战》的理论特色。

第一，论战性。巴黎公社虽然一共存在了 72 天，最终被梯

① 《马克思恩格斯选集》第 3 卷，人民出版社 2012 年版，第 125 页。
② 《马克思恩格斯选集》第 3 卷，人民出版社 2012 年版，第 126 页。

也尔联合普鲁士反动军队武装所镇压。但是马克思在《法兰西内战》中热情歌颂了巴黎工人阶级的革命气概和首创精神，以铁的事实积极回应欧洲反动势力对公社的污蔑和咒骂，揭露和谴责了反动势力镇压巴黎公社革命的血腥罪行。1871 年 5 月 30 日，也就是巴黎公社革命失败后的第三天，针对欧洲资产阶级通过各国报纸对巴黎公社进行种种污蔑与诽谤，将巴黎公社妖魔化的倾向，国际工人协会总委员会发表了马克思撰写的宣言即《法兰西内战》。马克思利用自己收集到的大量资料，真实地描述了巴黎公社革命的起因和战斗历程，热情赞颂巴黎公社革命，对梯也尔政府血腥镇压巴黎公社的罪行进行了愤怒的控诉，批驳了资产阶级对巴黎公社的污蔑和诽谤，深刻总结了巴黎公社的经验教训，并对巴黎公社的历史地位作了高度评价。因此，《法兰西内战》不仅仅是公社自始至终事件的真实记录，更是一部具有论战性的著作，在批评错误观点和批驳别有用心的人对巴黎公社的污蔑的过程中阐发了马克思对巴黎公社革命的认识。

第二，预见性。在马克思撰写的两篇宣言中已经表现出他对巴黎公社革命这一事件的预见性和远见性。1891 年，恩格斯在为《法兰西内战》撰写的导言中认为："我们在德国至今还忍受着马克思预言过的这些事变后果所带来的苦难。"[①]并且，恩格斯指出："我关于这两篇宣言所说的话（指马克思对重大事件及其结果的预见性——引者注），对于《法兰西内战》也是同

① 《马克思恩格斯选集》第 3 卷，人民出版社 2012 年版，第 43—44 页。

样适用的。”[①]事实确实如此。马克思虽然在《法兰西内战》中热情歌颂巴黎公社的功绩，但也清醒地认识到公社将会走向失败，不是因为公社对敌人过于仁慈，而是因为这是当时历史条件下的必然结局。马克思在起草初稿时，就已经预见巴黎公社战胜凡尔赛政府的希望越来越小，但是这次革命的影响和历史意义巨大。马克思在 1871 年 4 月 12 日给路德维希·库格曼的信中指出：“不管怎样，巴黎的这次起义，即使它会被旧社会的豺狼、瘟猪和下贱的走狗们镇压下去，它还是我们党从巴黎六月起义以来最光荣的业绩。”[②]正如恩格斯在 1891 年版的导言中写到的，《法兰西内战》突出地显示了作者的惊人才能，“在伟大历史事变还在我们眼前展开或者刚刚终结时，就能准确地把握住这些事变的性质、意义及其必然后果”[③]。马克思的这一著作从理论层面分析巴黎公社的历史意义并总结经验教训，提高了各国工人对公社的认识水平，使他们从对公社的同情上升到理性认识的高度，“并且写得简洁有力而又那样尖锐鲜明，尤其是那样真实，是后来关于这个问题的全部浩繁文献都望尘莫及的”[④]。

第三，系统性。马克思根据巴黎公社的经验，在《法兰西内战》中进一步阐发了马克思主义关于阶级斗争、国家、社会

① 《马克思恩格斯选集》第 3 卷，人民出版社 2012 年版，第 45 页。
② 《马克思恩格斯选集》第 4 卷，人民出版社 2012 年版，第 494 页。
③ 《马克思恩格斯选集》第 3 卷，人民出版社 2012 年版，第 43 页。
④ 《马克思恩格斯选集》第 3 卷，人民出版社 2012 年版，第 45 页。

革命及无产阶级专政的理论，其中心是无产阶级专政的问题。早在《共产党宣言》中，马克思、恩格斯就指出过，工人革命的第一步就是使无产阶级上升为统治阶级。巴黎公社正是对马克思这一理论的首次尝试，巴黎公社的经验也丰富和发展了马克思主义的国家学说。在《法兰西内战》中，马克思总结了阶级斗争的实际经验，阐发了无产阶级专政的思想，进一步论证了无产阶级进行暴力革命和打碎资产阶级国家机器的光辉思想，找到了使无产阶级获得解放的新型的政权形式，进行了创建无产阶级专政的伟大尝试。马克思认为，工人阶级必须打碎资产阶级的现成的国家机器。因为资产阶级国家机器不仅保障了资本奴役劳动，而且限制了劳动者获得属于自己的权利，所以马克思认为，无产阶级革命要消灭资产阶级国家机器，工人阶级要想获得真正的解放，就不能利用现成的国家机器，而是应该建立无产阶级专政。1871 年 4 月，马克思在给路德维希·库格曼的信中指出，“我认为法国革命的下一次尝试不应该再像以前那样把官僚军事机器从一些人的手里转到另一些人的手里，而应该把它打碎”[①]。马克思、恩格斯将这一发展写入《共产党宣言》1872 年德文版序言中，对《共产党宣言》作了补充和发展。

第四，人民性。马克思在《法兰西内战》中详细介绍了巴黎公社为真正实现人的自由而全面发展所做的努力。巴黎公社坚持人民主权原则，在公社委员、军队、警察、教会等方面进

① 《马克思恩格斯选集》第 4 卷，人民出版社 2012 年版，第 493 页。

行改革。马克思指出，“公社的伟大社会措施就是它本身的存在和工作。它所采取的各项具体措施，只能显示出走向属于人民、由人民掌权的政府的趋势”[①]。公社通过普选选出市政委员，对选民负责，并且随时可以罢免，“从公社委员起，自上至下一切公职人员，都只能领取相当于工人工资的报酬。从前国家的高官显宦所享有的一切特权以及公务津贴，都随着这些人物本身的消失而消失了。社会公职已不再是中央政府走卒们的私有物”[②]，“公社的第一个法令就是废除常备军而代之以武装的人民”[③]，“警察不再是中央政府的工具，他们立刻被免除了政治职能，而变为公社的承担责任的、随时可以罢免的工作人员”[④]。公社在铲除了常备军和警察之后，在摧毁了旧的国家机器的物质力量的同时，其精神力量“僧侣势力”也被摧毁，“宣布教会与国家分离，并剥夺一切教会所占有的财产”[⑤]。从物质和精神两个层面打碎旧的国家机器，建立新的国家政权。

2.《法兰西内战》的基本内容和内在逻辑

（1）《法兰西内战》的基本内容。

第一，《法兰西内战》深刻分析了巴黎公社革命爆发和失

① 《马克思恩格斯选集》第3卷，人民出版社2012年版，第107页。
② 《马克思恩格斯选集》第3卷，人民出版社2012年版，第98—99页。
③ 《马克思恩格斯选集》第3卷，人民出版社2012年版，第98页。
④ 《马克思恩格斯选集》第3卷，人民出版社2012年版，第98页。
⑤ 《马克思恩格斯选集》第3卷，人民出版社2012年版，第99页。

败的根本原因。恩格斯在导言中指出，巴黎工人的武装起义，最深刻的原因就在于它是法国无产阶级与资产阶级斗争的必然结果。他运用唯物史观对 1789 年法国大革命以来法国工人斗争的历史进行了考察，指出巴黎每次爆发的革命都带有无产阶级的性质，这些革命归根结底都是为了消灭资本家和工人之间的阶级对立。尽管工人阶级对如何实现这一点还不太明确，但这已经对现存的社会制度包含着一种威胁，因此，资产阶级政府首先就是要解除工人手中的武装。巴黎公社革命既是巴黎工人阶级革命传统的延续，又是无产阶级与资产阶级矛盾激化的结果。恩格斯还指出，导致巴黎公社革命爆发的直接原因是普法战争及法国政府在战争中的失败。1852 年路易·波拿巴发动政变建立第二帝国后，虽然通过金融投机和对外掠夺使法国资本主义有了一定的发展，但同时也由于资产阶级的贪婪和残暴统治，国内阶级矛盾不断激化。为转移国内矛盾，法兰西第二帝国还不断在国际上奉行反动的沙文主义，企图通过对普鲁士的战争来恢复第一帝国的边疆。于是 1870 年的普法战争就不可避免地爆发了，结果法国遭到了惨败。战争的失败激起了法国人民特别是工人阶级的强烈不满，1870 年 9 月 4 日，巴黎爆发革命，推翻了法兰西第二帝国，建立了资产阶级的临时政府——国防政府。但这个政府是一个卖国政府，由于对其采取的卖国投降政策极为不满，巴黎工人于 1870 年 10 月和 1871 年 1 月相继举行了两次起义，但都遭到了失败。为了对付无产阶级的革命起义，国防政府不惜向普鲁士屈膝求和，并于 1871 年 1 月 28

日正式投降。然而掌握武装的巴黎工人阶级并没有屈服，作为胜利者的普鲁士士兵开进巴黎时，就立即陷入巴黎工人的包围之中。国防政府为了消除对自己统治的威胁，想方设法企图解除工人的武装。在这种情况下，工人阶级只有奋起反抗，再次举行起义，并于3月18日正式宣告成立了自己的政府——巴黎公社。

恩格斯指出，从公社采取的一系列措施和实行的政策来看，“从3月18日起，先前被抵抗外敌侵犯的斗争所遮蔽了的巴黎运动的阶级性质，便以尖锐而纯粹的形式显露出来了。因为公社委员几乎全都是工人或公认的工人代表，所以公社所通过的决议也都带有鲜明的无产阶级性质”[①]。恩格斯认为，公社在它存在的短暂的72天里，实行了一系列深刻的改革，直接代表了无产阶级的利益，有的还深刻触动了旧的社会制度。但当时由于公社面临的主要任务是与盘踞在凡尔赛的反动政府作战，所以这些改革还只是初步的。随着形势的变化，以及公社的一些失误，反动政府从1871年5月初就开始占据压倒的优势，虽然巴黎的工人们进行了英勇的斗争，但终因寡不敌众而悲壮地失败了。

对于公社失败的原因，恩格斯认为，马克思在《法兰西内战》中已作了很好的说明，但从20年后的今天来看，有必要做一些补充。概括地讲，马克思当时认为，导致巴黎公社失败的

① 《马克思恩格斯选集》第3卷，人民出版社2012年版，第50页。

根本原因是：公社在夺取巴黎后没有乘胜追击，给予敌人以毁灭性的打击，而是忙于进行公社的选举，使敌人有了喘息之机并得以聚集力量进行反扑，最后绞杀了革命；公社虽然采取了团结其他社会阶层，特别是农民的措施，但由于处在敌人的包围之中，这些措施并没有在巴黎之外发生作用，因而没能建立起工农联盟，工人不得不独自奋战，最后因力量薄弱而失败。恩格斯在马克思上述总结的基础上，进一步指出，导致公社失败的一个很重要的原因，就是没有一个以科学社会主义为指导的无产阶级政党来领导革命。他说："公社委员分为多数和少数两派：多数派是布朗基派，他们在国民自卫军中央委员会里也占统治地位；少数派是国际工人协会会员，他们多半是蒲鲁东派社会主义的信徒。那时，绝大多数的布朗基派不过凭着革命的无产阶级本能才是社会主义者；其中只有少数人通过熟悉德国科学社会主义的瓦扬，比较清楚地了解基本原理。"[①]恩格斯认为，公社在经济方面的失策要由蒲鲁东派来负责，而政治决策方面的失策则应由布朗基派来负责。蒲鲁东派坚持蒲鲁东小资产阶级社会主义的立场，认为可以按照蒲鲁东关于"交换银行"的主张来实现小生产者的公平的社会主义。因此，公社成立后在蒲鲁东派的影响下没能将法兰西银行收归国有。这是导致公社失败的一个重要原因，"这也是一个严重的政治错误。银行掌握在公社手中，这会比扣留一万个人质更有价值。这会迫使

① 《马克思恩格斯选集》第3卷，人民出版社2012年版，第52页。

整个法国资产阶级对凡尔赛政府施加压力，要它同公社议和”[①]。但布朗基派按照布朗基主义的主张行事，认为革命的目的是要建立一个由少数英雄人物组成的强有力的专政。这一观点又恰恰与蒲鲁东派反对集中和专政的无政府主义观点相矛盾，最后因为这一分歧导致公社内部的分裂。在革命的生死关头，这种分裂严重地削弱了工人阶级的力量，加速了公社走向失败。

第二，高度赞扬了巴黎公社的伟大功绩。为了反驳资产阶级对巴黎公社的污蔑，马克思高度赞扬了公社的功绩。他指出，在公社的管理下，巴黎发生了翻天覆地的变化，“公社简直是奇迹般地改变了巴黎的面貌！”[②]法兰西第二帝国时期的那个巴黎消失得无影无踪，巴黎也不再是欧美各国封建余孽及剥削者聚集的场所。1871年3月18日革命后，虽然街道上一个警察都没有，但是巴黎街道上第一次变得平安无事了，各种治安事件都绝迹了。巴黎出现了朝气蓬勃的崭新局面。巴黎正放射着它的历史首创精神的炽烈光芒！马克思强烈谴责了梯也尔政府对巴黎公社的血腥镇压，他指出，巴黎公社虽然失败了，但是它的精神是永存的。“工人的巴黎及其公社将永远作为新社会的光辉先驱而为人所称颂。它的英烈们已永远铭记在工人阶级的伟大心坎里。那些扼杀它的刽子手们已经被历史永远钉在耻辱柱上，不论他们的教士们怎样祷告也不能把他们解脱。”[③]

---

① 《马克思恩格斯选集》第3卷，人民出版社2012年版，第52页。
② 《马克思恩格斯选集》第3卷，人民出版社2012年版，第109页。
③ 《马克思恩格斯选集》第3卷，人民出版社2012年版，第126页。

第三，阐述了打碎资产阶级国家机器，建立无产阶级专政的理论。马克思指出，“工人阶级不能简单地掌握现成的国家机器，并运用它来达到自己的目的”[①]。这是因为现成的国家机器具有压迫性质，工人阶级必须打碎旧的、压迫的国家机器，才不致失去刚刚争得的统治。

马克思指出，对于工人阶级而言，奴役和统治它的政治暴力工具绝不可能成为解放它的手段。法国资产阶级国家机器的发展，中央集权的国家政权及其遍布全国各地的机关如常备军、警察、官僚、僧侣和法官等，起源于封建君主专制时代，法国大革命彻底消除了那些妨碍中央集权国家发展的封建特权和地方特权。但马克思特别强调，打碎资产阶级国家机器，并不是排斥各种传统的民主措施，如普选权就可以加以改造用来为劳动人民服务。他指出：“旧政权的纯属压迫性质的机关予以铲除，而旧政权的合理职能则从僭越和凌驾于社会之上的当局那里夺取过来，归还给社会的承担责任的勤务员。”[②]就是说，工人阶级在打碎国家机器后，必须以新型的无产阶级政权来取而代之。因此，马克思认为巴黎公社革命的一个伟大创造就是建立了公社这一无产阶级政权的新形式。

马克思认为，巴黎公社是帝国的直接对立物，它在政治、经济、军事等方面采取的措施，都鲜明地体现了无产阶级专政

① 《马克思恩格斯选集》第 3 卷，人民出版社 2012 年版，第 95 页。
② 《马克思恩格斯选集》第 3 卷，人民出版社 2012 年版，第 100 页。

的基本特点。它废除了资产阶级常备军，并用人民武装的军事制度来代替。马克思认为，这种做法可以消除捐税和国债这一沉重负担的根源，而这是一切社会进步在经济方面的第一个条件；这种做法可以避免军队成为少数冒险集团手中的工具，并消除不断出现的篡夺政权的危险；人民武装是抵御外国侵略者的最可靠的保障。巴黎公社还用人民选举、监督并可以随时撤换的公仆代替了旧机构的官吏，彻底废除了资产阶级的官僚体制，真正体现了人民当家作主的原则。同时，它规定所有公职人员都只能领取相当于工人工资的薪金，这不仅真正实现了廉价政府的口号，而且是对防止社会公仆变成社会主人的有力保证。

（2）《法兰西内战》的内在逻辑。

《法兰西内战》作为国际工人协会总委员会的宣言，写作于 1871 年 4 月中旬至 5 月底，是一篇全面总结巴黎公社的战斗历程和历史经验，深刻阐发马克思主义关于阶级、阶级斗争、国家、民族及无产阶级革命和无产阶级专政的重要理论和实践著作。

在这篇光辉的著作里，贯穿始终的是唯物史观理论和阶级斗争学说。首先，马克思介绍了巴黎公社革命爆发的社会历史原因，揭露了 1870 年 9 月 4 日至 1871 年 3 月 18 日法国执政的国防政府对内镇压人民、对外卖国投降的欺骗性勾当，指出了资产阶级国家政府的实质，剖析了导致其暴力镇压和投降叛国的经济根源和阶级根源。其次，通过对巴黎人民武装革命经过的介绍，马克思分析了巴黎公社失败的经验教训，对中央委员会和国民自卫军的行为进行反思，没有对国防政府进行打击，导致了梯也尔对国民自卫军和巴黎人民的报复，并驳斥了资产阶级对巴黎公社的诽谤和污蔑。再次，马克思在国家阶级本质的基础上，论述了巴黎公社实质上是工人阶级的政府，阐明了巴黎公社的实质和意义，并充分肯定了巴黎公社作为真正民主的国家政权所采取的各项措施：公社代表和维护劳动群众的利益，由人民直接行使权力；公社的权力机构和人民代表由选举产生，对选民负责，并可随时撤换；司法机关的官吏由选举出来的法官取代；所有公职人员领取相当于熟练工人的工资；等等。这些论述为无产阶级在夺取政权后怎样对待资本主义国家机器，建立自己的国家政权提供了根本原则和制度建设的经验。最后，马克思深刻揭露了梯也尔反动派假装议和而实际上勾结普鲁士侵略者镇压无产阶级革命的欺骗性面目，在这里并没有过多地表述巴黎人民被杀害的具体情况，而是直接揭露资产阶级政府的无耻、罪恶及其腐朽性，同时批驳了各国反动派对第一国际的诬蔑。《法兰西内战》将梯也尔之流的刽子手永远地钉在了耻辱柱上，他们将永远受到人们的唾弃，而工人的巴黎或巴黎的工人“将永远作为新社会的光辉先驱而为人所称颂”[①]。《法兰西内战》对全世界无产阶级进行革命斗争、建立和巩固国家政权、实现自身历史使命具有重大历史和现实意义。

① 《马克思恩格斯选集》第 3 卷，人民出版社 2012 年版，第 126 页。

第三章　巴黎公社历史经验的理论提升

世界历史上第一个工人阶级的政权——巴黎公社在严酷的斗争中诞生。它虽然只存在了 72 天，却使科学社会主义理论首次经受了无产阶级革命实践的检验。马克思在对巴黎公社革命实践经验和教训的深刻总结中,丰富和发展了科学社会主义理论。

一、无产阶级革命对国家的任务问题的主要教训

如何对待旧国家机器，是无产阶级革命面临的重要问题。巴黎公社作为国际共产主义运动史上第一个无产阶级专政的政权，为怎样正确处理这一重大问题提供了成功的范例。对此，马克思进行了深刻总结。

1. 打碎资产阶级国家机器经验教训的科学总结

早在 1848 年的《共产党宣言》中，马克思、恩格斯就指出："在叙述无产阶级发展的最一般的阶段的时候,我们循序探讨了现存社会内部或多或少隐蔽着的国内战争，直到这个战争爆发

为公开的革命，无产阶级用暴力推翻资产阶级而建立自己的统治。”[①]在这里，马克思、恩格斯就已经明确指出了暴力手段对无产阶级推翻资产阶级统治的重要意义。在总结1848年欧洲革命的经验教训时，马克思指出，“只有一个方法可以缩短、减少和限制旧社会的凶猛的垂死挣扎和新社会诞生的流血痛苦，这个方法就是实行革命的恐怖”[②]。在《路易·波拿巴的雾月十八日》中，马克思第一次提出无产阶级革命必须打碎资产阶级国家机器的科学论断。马克思的这一思想是在工人阶级和资产阶级斗争的经验教训中总结出来的，反映了阶级斗争的客观规律，为无产阶级采取何种方式开展斗争指明了方向。

法国无产阶级有着悠久的革命传统。自1789年法国大革命以来，纵观法国近百年的阶级斗争历史，无产阶级多次举起手中的武器，配合资产阶级进行对内反封建、对外反侵略的战争。但革命一旦取得胜利，面对无产阶级要求取消与资产阶级的阶级对立，并提出相应的政治要求时，“掌握国家大权的资产者的第一个信条就是解除工人的武装。于是，在每次工人赢得革命以后就产生新的斗争，其结果总是工人失败”[③]。恩格斯在《法兰西内战》的导言中对法国阶级斗争的这一规律进行了科学总结。他指出，经过对法国多次的资产阶级革命的总结，可以得出无产阶级只有真正掌握了自己的武装，才算真正抓住了国家

① 《马克思恩格斯选集》第1卷，人民出版社2012年版，第412页。
② 《马克思恩格斯全集》第5卷，人民出版社1958年版，第543页。
③ 《马克思恩格斯选集》第3卷，人民出版社2012年版，第45页。

问题和革命问题的实质。恩格斯所指出的这一规律在1848年欧洲革命中就得到了鲜明的体现。当巴黎人民在二月革命中用武器暴力推翻七月王朝的反动统治时，资产阶级窃取了临时政府的领导权并被迫成立法兰西第二共和国，但当资产阶级掌握了国家机器之后，他们只是试图用一些小恩小惠来安抚武装起来的工人阶级，一旦掌握了时机，他们的枪口就会对准工人阶级。事实也证明确实如此，资产阶级共和派在稳固其力量后，所做的第一件事就是要解除巴黎工人阶级的武装。面对这种情况，工人阶级被迫发动了大规模的六月起义，但最终却被血腥镇压。正如恩格斯所说的那般，“资产阶级第一次表明了，一旦无产阶级敢于作为一个具有自身利益和要求的单独阶级来同它相对抗，它会以何等疯狂的残暴手段来进行报复”[①]。这些历史事实说明无产阶级要获得自身的解放，必须通过暴力手段同资产阶级进行斗争，并且要坚决打碎资产阶级的国家机器，防止资产阶级进行反扑。无产阶级革命之所以必须打碎资产阶级国家机器，原因在于资产阶级通过自己的国家机器，利用军队、警察、监狱等实现对无产阶级的控制，以维护自身的利益。因而妄想通过和平过渡的方式达到社会主义，只是背离马克思主义理论的不切实际的幻想。不能简单地掌握现成的国家机器，并运用它来达到工人阶级自己的目的。这是马克思、恩格斯总结巴黎公社革命实践经验教训得出的基本结论。只有通过革命

① 《马克思恩格斯选集》第3卷，人民出版社2012年版，第46页。

手段彻底打碎资产阶级国家机器，建立自己的国家机器，才能有效镇压资产阶级的反抗，巩固新生的无产阶级政权。

1871 年 4 月，马克思在给路德维希·库格曼的信中指出，“我认为法国革命的下一次尝试不应该再像以前那样把官僚军事机器从一些人的手里转到另一些人的手里，而应该把它打碎”[①]。巴黎公社革命是无产阶级革命打碎国家机器的一次伟大尝试。巴黎工人在取得胜利后，采取了相关措施来代替资产阶级的国家机器，建立了巩固工人阶级领导权的国家机器。首先，废除资产阶级常备军和警察，代之以人民的武装。公社的第一个法令就是要废除常备军。早在起义前，巴黎工人就通过建立工人武装成立了诸如二十区中央委员会、各区警备委员会的政治组织，以及国民自卫军中央委员会和国民自卫军中央营的军事组织等。这些组织为巴黎工人摆脱政府军队的控制取得起义的胜利打下了基础。资产阶级正是通过自己的军队和警察对无产阶级进行统治，因此巴黎公社一经成立，就废除了资产阶级的常备军和警察。这样资产阶级统治人民的物质武器就被摧毁了。马克思对巴黎公社的这一历史经验给予了高度的肯定，他认为伴随着常备军和资产阶级政府警察的废除，统治劳动人民的物质力量也就随之被摧毁了。其次，为解除资产阶级对人民的精神控制，公社决定宗教与国家、学校分离，取消宗教预算，并将教会的财产收归国有。公社规定用“自由、平等、

① 《马克思恩格斯选集》第 4 卷，人民出版社 2012 年版，第 493 页。

博爱、正义、共和国”等口号来取代以往的宗教口号，并将学校里存在的宗教物品进行清除。同时实行免费教育，大量开设博物馆和图书馆，这些措施符合广大民众实现解放的愿望，使劳动人民都有机会去学习科学文化知识，从而从资产阶级和教会的束缚中解脱出来。最后，巴黎人民取得胜利后，废除了旧的国家官僚机构。通过普选的方法选出代表成立了公社，这些代表大都是工人或者工人阶级代表，随时接受选民的监督，并且公社的公职人员只能领取相当于工人工资的报酬。马克思认为，“这次革命的新的特点还在于人民组成了公社，从而把他们这次革命的真正领导权握在自己手中，同时找到了在革命胜利时把这一权力保持在人民自己手中的办法，即用他们自己的政府机器代替统治阶级的国家机器、政府机器”①。后来在导言中，恩格斯再一次肯定了巴黎公社在打破资产阶级国家机器方面的贡献。他指出，“公社一开始想必就认识到，工人阶级一旦取得统治权，就不能继续运用旧的国家机器来进行管理；工人阶级为了不致失去刚刚争得的统治，一方面应当铲除全部旧的、一直被利用来反对工人阶级的压迫机器，另一方面还应当保证本身能够防范自己的代表和官吏，即宣布他们毫无例外地可以随时撤换”②。

相较于基础雄厚和经验丰富的资产阶级而言，巴黎公社之

① 《马克思恩格斯选集》第3卷，人民出版社2012年版，第152页。
② 《马克思恩格斯选集》第3卷，人民出版社2012年版，第54页。

所以能够维持长达两个多月的统治，其原因就在于无产阶级在掌握政权后，通过一系列的法令和措施，打碎了资产阶级的国家机器，摧毁了资产阶级的统治力量。但与此同时，巴黎公社在短暂的胜利后迅速走向了失败，其中一个最重要的原因就是没有准确及充分地运用好自己的人民武装，使资产阶级有机可乘，实现了暴力反扑。在总结巴黎公社的经验教训时，马克思指出，“当梯也尔通过偷袭蒙马特尔已经发动了内战的时候，中央委员会却不肯把这场内战打下去，因而犯了一个致命的错误，即没有立刻向当时毫无防御能力的凡尔赛进军，一举粉碎梯也尔和他的那帮乡绅议员们的阴谋”[①]。在取得胜利后，巴黎工人放任城门打开，使梯也尔政府的军队趁机逃到了凡尔赛，并且没有乘胜追击。此外，公社并没有对破坏革命力量的敌人实行彻底的专政，反而对留在城内的间谍、暴徒等采取了较为宽容的态度，这一切就为后来反动势力内外勾结进行反扑创造了条件，最终导致了新生的无产阶级政权昙花一现。

2. 创建无产阶级专政伟大尝试经验的理论概括

打碎资产阶级国家机器后，无产阶级应当采用何种方式去代替资产阶级的国家机器来巩固自己的胜利果实，马克思、恩格斯虽有相关的理论设想，但在巴黎公社之前，并没有真正的实践经验。在《共产党宣言》中，马克思、恩格斯比较

① 《马克思恩格斯选集》第 3 卷，人民出版社 2012 年版，第 92 页。

抽象地论述了无产阶级专政的思想。在1848年欧洲革命的基础上，马克思、恩格斯深入总结革命经验教训，在《1848年至1850年的法兰西阶级斗争》及《路易·波拿巴的雾月十八日》等著作中，第一次明确喊出无产阶级专政的响亮口号，指出阶级斗争的最终结果必然会导致无产阶级专政。巴黎公社是无产阶级创建无产阶级专政的一次伟大尝试，这也是巴黎公社最伟大的历史成就，这一历史经验极大地丰富了马克思主义的国家学说，为后来世界各国的无产阶级革命提供了一种新的政权形式。马克思在《法兰西内战》中对巴黎公社的这一历史贡献进行了高度赞扬并予以高度重视。他指出，公社真正的秘密就是它实质上是工人阶级的政府。

1871年3月18日法国巴黎工人发动武装起义，以暴力手段推翻了资产阶级统治，并在此基础上建立了工人阶级政府——巴黎公社。巴黎公社虽然存在的时间不长，但作为人类历史上第一个无产阶级政权，其进行的革命是无产阶级“作为唯一具有社会首创能力的阶级得到公开承认的第一次革命”[①]。巴黎公社作为一个新的政权形式，其具有很多不同于以往封建势力和资本主义政权的特点，除了打碎资产阶级国家机器所采取的有关措施外，巴黎公社在其他方面也展现出作为无产阶级专政的不同之处。

首先，公社是监管行政和立法的机关，这就有别于资产阶

① 《马克思恩格斯选集》第3卷，人民出版社2012年版，第104页。

级的议会制或是“三权分立”。公社成立后实行无产阶级的民主集中制，废除了之前的官僚制度。对于公社的这些举措，马克思给予了高度的认同，指出“公社一举而把所有的公职——军事、行政、政治的职务变成真正工人的职务，使它们不再归一个受过训练的特殊阶层所私有”[①]。公社所采取的这些措施，指明了新型国家进行治理的方向。由此可以看出巴黎公社作为无产阶级新型的国家政权，同以往的剥削阶级的政权完全不同，其意在提高劳动人民的地位，实现人民当家作主。“公社——这是社会把国家政权重新收回，把它从统治社会、压制社会的力量变成社会本身的充满生气的力量；这是人民群众把国家政权重新收回，他们组成自己的力量去代替压迫他们的有组织的力量；这是人民群众获得社会解放的政治形式，这种政治形式代替了被人民群众的敌人用来压迫他们的假托的社会力量。”[②]在这里，马克思指明了作为无产阶级专政最重要的特征就是公社是人民群众实现解放的一种政治形式，其目的是保障广大劳动人民真正实现当家作主。

其次，公社“彻底清除了国家等级制，以随时可以罢免的勤务员来代替骑在人民头上作威作福的老爷们，以真正的责任制来代替虚伪的责任制，因为这些勤务员总是在公众监督之下进行工作的”[③]。公社为了防止国家和国家机关由社会的仆人变

① 《马克思恩格斯选集》第 3 卷，人民出版社 2012 年版，第 142 页。
② 《马克思恩格斯选集》第 3 卷，人民出版社 2012 年版，第 140 页。
③ 《马克思恩格斯选集》第 3 卷，人民出版社 2012 年版，第 141 页。

成社会的主人，切实地将人民当家作主落到实处，对政府的公职人员还实行了直接选举制、监督制及罢免制等，以规范公职人员的权力，防止他们出现以权谋私的行为。同时公社规定“从公社委员起，自上至下一切公职人员，都只能领取相当于工人工资的报酬”[①]。政府官员特权和高薪的取消，具有重要的意义，这些措施让公社实现了其廉价政府的口号，表明了公社是工人阶级所建立起来的廉洁政府，不同于以往的其他剥削政府。这些政策的制定和实施，有力地防止了国家机关的官僚化，打破了以往社会公职被默认为是特殊阶层的私有物的局面，在一定程度上净化了政府官员的不良思想，极大地保护了人民的合法权益。

最后，在社会其他方面，公社也采取了一系列的措施。例如，禁止工厂主随意克扣工人工资，废除面包工人的夜班制度等。对于那些因企业主出逃而无人生产和管理的工厂，全部交由工人合作社，原来的资产也同步移交给工人合作社。此外，还有禁止典当行拍卖典当物品等措施。对此，马克思称赞“公社的伟大社会措施就是它本身的存在和工作。它所采取的各项具体措施，只能显示出走向属于人民、由人民掌权的政府的趋势”[②]。与此同时，马克思指出公社作为工人阶级的政府，积极带领无产阶级争取实现劳动解放，这对世界其他各国开展无产

① 《马克思恩格斯选集》第3卷，人民出版社2012年版，第98页。
② 《马克思恩格斯选集》第3卷，人民出版社2012年版，第107页。

阶级革命具有重要的启示。当时，在对外政策上，巴黎实行无产阶级国际主义政策。这些措施体现了巴黎公社无产阶级专政同以往其他政权的不同。

巴黎公社作为无产阶级专政的伟大尝试，虽然不能将其定义为完全的社会主义性质的，但是其已经具有了明显的社会主义倾向，展现了巴黎工人的历史创造性及革命首创精神，这对于打破旧社会的政治制度，以及推动国际工人运动的发展具有重要的意义。正如马克思所说，“不论公社的各项具体措施多么可贵，公社的最伟大的措施还是它本身的组织，这个组织是在同时面临外国敌人和阶级敌人威胁的情况下未经准备就成立的，公社以它的存在表现了它的活力，以它的行动证实了它的论点”[①]。恩格斯对那些惧怕、指责无产阶级专政的民主党派也给予了严厉的批判。[②]恩格斯在导言中，在马克思对巴黎公社有关无产阶级专政历史经验总结的基础上，通过总结巴黎公社之后国际工人运动的经验，对无产阶级专政理论进行了补充。他指出，“国家无非是一个阶级镇压另一个阶级的机器，而且在这一点上民主共和国并不亚于君主国”[③]。在这里，恩格斯意在揭开资产阶级民主共和制的真实面目，资产阶级民主共和制虽然打着民主的旗帜，但仍旧掩盖不了其剥削压迫的本质。因此无产阶级要想实现真正的解放，绝不能被民主共和制所蒙蔽，必

① 《马克思恩格斯选集》第 3 卷，人民出版社 2012 年版，第 142 页。
② 参见《马克思恩格斯选集》第 3 卷，人民出版社 2012 年版，第 56 页。
③ 《马克思恩格斯选集》第 3 卷，人民出版社 2012 年版，第 55 页。

须通过暴力手段，摧毁资产阶级的国家机器，建立起无产阶级专政，这才是通向共产主义的正确道路。

二、对过渡时期理论的初步思考和设想

马克思认为，巴黎公社实现了以往所有资产阶级革命都提出的梦寐以求但却没有实现的廉价政府，它让共和国成为现实，奠定了真正民主制度的基础。但马克思指出，这不是无产阶级革命的最终目标。马克思认为，“无论廉价政府或‘真正共和国’，都不是它的终极目标，而只是它的伴生物”[①]。那么，在马克思看来，无产阶级革命的最终目标是什么呢？那就是实现共产主义。怎么实现共产主义，在向共产主义过渡的过程中要经历哪些阶段，无产阶级应该采取哪种措施等，就成为马克思所要思考的问题。在《法兰西内战》中，马克思提出了关于过渡时期理论的初步思考和设想。

1. 马克思在两部著作中对过渡思想的阐发

马克思的过渡时期思想是在不断总结工人运动历史经验的基础上逐渐形成的，在其国家学说中有着重要的地位和作用。共产主义社会取代资本主义社会，这是人类社会发展的客观规律，是全世界无产阶级最崇高的历史使命。但是无产阶级在推

① 《马克思恩格斯文集》第3卷，人民出版社2009年版，第157页。

翻资产阶级的统治后，受社会发展客观因素的限制，不可能立即就进入共产主义社会。因此，马克思就共产主义社会发展阶段问题进行了探讨，揭示了无产阶级夺取政权后，首先必须要经过一个过渡时期。

早在总结 1848 年欧洲革命的经验教训时，马克思就曾指出，无产阶级专政只是一个过渡。当时，马克思只是简单地提出这一问题。受当时革命发展的客观状况的影响，马克思对这个过渡时期需要多长时间，以及过渡时期有何特点和任务，并没有做具体说明。但随着巴黎公社革命的发展和实践，其所产生的历史经验为马克思进一步深化过渡时期这一理论的研究提供了现实依据。在总结巴黎公社革命的历史经验的过程中，马克思对从资本主义向共产主义过渡这一理论作了深刻的研究。马克思论证了无产阶级革命要实现向共产主义的过渡必须要经历一个较为漫长的历史过程，并且在这个过程中还要注重实现物质和精神的双重改造，最终才能真正达到无产阶级所追求的共产主义。与此同时，马克思还对过渡时期经济改造及阶级斗争问题等进行了进一步的论证，这些思想进一步完善了马克思的过渡时期理论。

2. 过渡时期无产阶级对环境和人的改造

马克思的过渡时期思想不是凭空产生的，而是他通过对现代资本主义社会中无产阶级所产生的社会作用进行分析，在立足于社会发展的实践状况的基础上，在对资产阶级和无产阶级之间的矛盾充分把握的基础上所得出来的。资本主义和共产主义在本质上处于一种根本对立的状态，无产阶级同资产阶级在利益上也是完全对立的。工人阶级开展无产阶级革命的目的在于从根本上消灭资产阶级生产资料私有制，代之以生产资料公有制，在此基础上建立起没有剥削和压迫的新的生产关系。但要彻底实现这种改变，必然要经历一个漫长的历史过程。因为被推翻的资产阶级必然不肯被动地接受现状，而是要采取措施同无产阶级进行斗争，无产阶级在取得政权后的很长一段时间内势必要致力于进行阶级斗争，以及消灭资本主义的生产关系。

马克思认为，要改变脱胎于旧社会保留下来的痕迹，维护无产阶级革命的成果，镇压国内外敌人的反抗，完成社会的改造，必须要加强对人和环境的改造。巴黎公社成立后，一些资产阶级的空想家对公社进行了严厉的批评和攻击，攻击公社意图否定人类社会之前的全部文明成果试图直接进入共产主义。面对这种指责，马克思回应道："工人阶级并没有期望公社做出奇迹。他们不是要凭一纸人民法令去推行什么现成的乌托邦。他们知道，为了谋求自己的解放，并同时创造出现代社会在本身经济因素作用下不可遏止地向其趋归的那种更高形式，他们必须经过长期的斗争，必须经过一系列将把环境和人都加以改造的历史过程。"[①]工人阶级并没有简单地将实现共产主义

① 《马克思恩格斯选集》第3卷，人民出版社2012年版，第103页。

完全寄希望于巴黎公社的胜利和一纸人民法令，他们知道要创造出更高的社会发展形式，必须要通过漫长的发展和改造。在这个过程中，仅仅靠改变生产资料所有制是不够的，还必须实现物质和精神的双重改造，即实现环境和人的全面改造，这两大任务缺一不可，只有将这两大任务统一起来，精神成果和物质成果双丰收，才能彻底完成资本主义向共产主义的过渡，最终实现共产主义。工人阶级并不是空谈理想，而是致力于将隐藏在旧的资产阶级社会中的崭新的萌芽解放出来，呵护其不断成长。

巴黎公社成立后，公社在经济和政治上采取了一系列的措施对人和环境进行改造，虽然最终失败了，但为无产阶级在过渡时期进行物质和精神改造提供了大量有益的借鉴。马克思在《法兰西内战》中，以丰富的史实为依据，揭露了资产阶级的虚伪，指出要建立新世界，实现全人类的解放和人的全面自由发展，就必须在经济关系和政治变革的基础上，同时推动新的社会意识形态的形成，实现物质和精神的彻底改造。因此，在资本主义向共产主义的过渡时期，必须要冲破来自资产阶级物质及精神这两大方面的束缚，对环境和人进行充分改造，使无产阶级在这个过程中能够打破资产阶级的经济基础，从政治上解放社会中的劳动者，并推动劳动者实现思想观念的转变以最终达到思想解放，在此基础上，形成无产阶级的意识形态，最终走向共产主义。这其实已经表达出了马克思对过渡时期无产阶级的任务的思想。

3. 对过渡时期经济改造的长期性与艰巨性的初步认识

马克思在深入总结 1848 年以后各国工人运动实践经验的基础上，曾明确指出无产阶级面临着繁重的经济任务，指出要实现经济上的解放就要工人阶级开展阶级斗争的重要任务。马克思在《法兰西内战》中对过渡时期的经济改造问题给予了高度关注。马克思在总结巴黎公社历史经验的过程中，深入探讨了过渡时期经济改造的繁重任务，指出这一阶段社会经济改造的特点。马克思指出，“工人阶级知道，他们必须经历阶级斗争的几个不同阶段。他们知道，以自由的联合的劳动条件去代替劳动受奴役的经济条件，只能随着时间的推进而逐步完成（这是经济改造）；他们不仅需要改变分配，而且需要一种新的生产组织”，“还需要在全国范围内和国际范围内进行协调的合作”[①]。这段话里，马克思提到了“自由联合的劳动条件”、“分配方法”的改变，以及“新的生产组织”等，这些是在实现资本主义向共产主义过渡时期必须解决的问题。这些措施从根本上是为了实现生产资料所有制的变更，因为要走向共产主义实现劳动的解放，劳动的解放不仅要求社会平等更重要的是实现经济上的平等，而这一切都建立在剥夺资本对社会经济的控制上。公社“大规模的有组织的劳动，生产资料的集中，这是无产阶级追求的希望，也是无产阶级运动的物质基础，尽管目前劳动的组织

① 《马克思恩格斯选集》第 3 卷，人民出版社 2012 年版，第 143—144 页。

是专制式的，生产资料不仅作为生产手段，而且作为剥削和奴役生产者的手段集中在垄断者的手中。无产阶级要做的事就是改变这种有组织的劳动和这些集中的劳动资料目前所具有的资本主义性质，把它们从阶级统治和阶级剥削的手段变为自由的联合劳动的形式和社会的生产资料”[①]。巴黎公社正是致力于解放资本主义生产条件下异化劳动的一次伟大实践。同资本主义旧社会相比，巴黎公社所采取的措施打破了资本对劳动的奴役，肯定了劳动者的劳动地位，提高了劳动者的生产积极性，在极大的程度上实现了社会的劳动解放，这为社会的解放和进步奠定了基础。

马克思指出，巴黎工人在取得政权后，成立了巴黎公社，不但实施政治改造，而且采取了政治改造和经济改造同时进行的方针策略。当时巴黎工人夺取政权后，原有的商户大批逃跑，这导致了巴黎的很多作坊和工厂都倒闭了。为此，巴黎公社成立了专门委员会，由专门委员会同各行各业选出的代表合作，共同商讨如何把业主遗弃的作坊和工厂转交给工人合作团体，借此恢复社会正常的生产秩序，统筹经济发展。与此同时，巴黎公社还颁布相关法令，规定要通过组织大工业及工场手工业等推动经济发展，并且这种组织不仅应在每一个工厂内以工人联合为基础，而且应该把这一切联合体结成大的联盟，以此形成大规模的生产。公社通过这些措施，

① 《马克思恩格斯选集》第 3 卷，人民出版社 2012 年版，第 146—147 页。

使社会生产迅速恢复，有效地维持了社会稳定，为公社能够在内外夹击下坚持两个多月提供了必要的物质条件。对巴黎公社在经济改造方面所取得的成效，恩格斯在导言中给予了高度评价，他指出“简言之，这种组织工作，正如马克思在《内战》(指《法兰西内战》——引者注)中完全正确地指出的，归根到底必然要导致共产主义”[①]，巴黎公社在社会经济改造方面所做的贡献，也为后来各国工人阶级对本民族的社会经济进行改造提供了有益借鉴。

4. 过渡时期阶级斗争是一种客观存在

巴黎公社虽仅存七十二天就以失败告终，但其作为历史上第一个无产阶级政权，对丰富和发展马克思的阶级及阶级斗争理论具有重要的意义。运动失败后，马克思撰写了《法兰西内战》，对巴黎公社的斗争经验进行了总结，并探讨了有关阶级斗争的问题。首先，马克思肯定了过渡时期仍然存在阶级斗争，指出“公社并不取消阶级斗争，工人阶级正是通过阶级斗争致力于消灭一切阶级，从而消灭一切阶级统治”[②]。其次，马克思主张通过暴力手段推翻资本主义国家的国家机器，从而建立无产阶级专政。马克思认为采取暴力革命的形式是推翻资本主义旧体制，建立无产阶级专政新体制的根本途径。历史经验告诫无产阶级，法国历

① 《马克思恩格斯选集》第3卷，人民出版社2012年版，第53页。
② 《马克思恩格斯选集》第3卷，人民出版社2012年版，第143页。

史上的每一次革命都是阶级斗争的产物，“一旦无产阶级敢于作为一个具有自身利益和要求的单独阶级来同它(指资产阶级——引者注)相对抗，它会以何等疯狂的残暴手段来进行报复”[1]。资产阶级通过疯狂镇压无产阶级革命来维系自己的专制统治，与此同时，面对这种压迫，无产阶级不得不采取暴力革命来进行更强烈的反抗。之所以存在阶级斗争，是因为每个阶级的产生都有着不同的物质基础和历史背景，不同的阶级所代表的阶级利益也不相同，因而就产生了阶级矛盾，而阶级斗争正是解决阶级矛盾的有效方法，只要资产阶级没有退出历史舞台，无产阶级和资产阶级之间的斗争就不会消失。同时，无产阶级革命的一次又一次实践证明了，通过不断的阶级斗争，无产阶级的队伍越来越庞大，其取得胜利的信心也更加强烈，最终将在经济上占有社会生产资料并获得相应的政治地位和权利，实现从资本主义向共产主义的过渡。

三、无产阶级政党领导作用和组建同盟军的深入论证

无产阶级革命具有独立的性质和特点，无产阶级革命要想取得成功，必须成立自己的政党，同时和其他革命阶级结成可靠的同盟军。

① 《马克思恩格斯选集》第 3 卷，人民出版社 2012 年版，第 46 页。

1. 无产阶级政党的领导是夺取革命胜利的保障

无产阶级政党对无产阶级革命发挥着至关重要的作用，只有在一个正确的政党的带领下，革命才能取得成功。在马克思、恩格斯所处的时代，无产阶级政党的发展总体上有过三种形式。第一种是1847年6月至1852年11月的共产主义者同盟，它是无产阶级政党的雏形，代表着欧洲工人运动进入了自觉阶段。共产主义者同盟有着明确的斗争目标，即“推翻资产阶级，建立无产阶级统治，消灭旧的以阶级对立为基础的资产阶级社会和建立没有阶级、没有私有制的新社会”[①]。但因共产主义者同盟的人数不多，因而影响范围也较小。1848年马克思、恩格斯在《共产党宣言》中论述了建立无产阶级政党的必然性和重要意义。马克思、恩格斯为共产主义者同盟所制定的纲领、原则等，以及对同盟所开展活动的总结，极大地丰富了马克思主义的建党学说。无产阶级政党发展的第二个形式就是1864年9月至1876年7月存在的第一国际。第一国际在领导无产阶级进行反对资本主义的斗争方面发挥了重要作用。当时，第一国际将自己的宗旨定为“为了用工人阶级的真正的战斗组织来代替那些社会主义的或半社会主义的宗派”[②]。第一国际在思想上坚持马克思主义的领导，并创立了民主集中制的组织原则。在这之后，伴随着国际上工人运动高潮的再次来临，马克思、恩格

① 《马克思恩格斯选集》第4卷，人民出版社2012年版，第207页。
② 《马克思恩格斯选集》第4卷，人民出版社2012年版，第496页。

斯又进一步强调了无产阶级政党在工人运动中的重要领导作用。在 1864 年的《国际工人协会成立宣言》中，马克思指出，工人要使他们人数众多这个成功因素发挥举足轻重的作用，就要通过组织联合起来并获得知识的指导。①

在当时，马克思领导的第一国际对巴黎公社的建立产生了重要的影响，巴黎公社的部分领导人是第一国际的会员。第一国际对巴黎公社革命的整个过程都给予了密切的关注，并给予了很多正确的建议，正如恩格斯所说："公社无疑是国际的精神产儿，尽管国际没有动一个手指去促使它诞生。"②在深刻吸取巴黎公社有关无产阶级政党建设的宝贵经验基础之上，马克思、恩格斯在 1871 年第一国际伦敦代表会议上提出来这样的论断，无产阶级要作为一个阶级来行动，组建与旧的政党不同、相对独立的政党，并指出无产阶级革命只有独立的政党作为一个阶级进行革命时，才能真正地消灭资产阶级。马克思的这一思想对后来各个国家的无产阶级革命有着重要的指导意义。

不管是在巴黎公社的革命过程中，还是在《法兰西内战》中对巴黎公社的经验进行总结时，马克思都强调了建立无产阶级革命党组织的重要性。巴黎公社虽然深受第一国际的影响，但其本身并没有成立一个马克思主义政党来领导革命。在巴黎

① 《马克思恩格斯选集》第 3 卷，人民出版社 2012 年版，第 10 页。
② 《马克思恩格斯选集》第 4 卷，人民出版社 2012 年版，第 515 页。

公社中，大多数人都不是马克思主义者，而是蒲鲁东主义者和布朗基主义者。恩格斯在导言中用了我们上面引证过的一段话来评价巴黎公社的领导者们，这是很确切的。[①]历史的事实是，不管是布朗基主义也好，还是蒲鲁东主义也罢，最终都在巴黎公社的实践中破产了。这是因为，他们根本不懂马克思主义，也就无法准确把握阶级斗争的规律及社会发展规律，无法制定出正确的发展路线。同时，他们也没有科学的理论指导，更没有坚强的无产阶级政党领导革命。巴黎公社革命充分论证了无产阶级政党在无产阶级革命中的重要作用，没有坚强的无产阶级革命政党来领导革命，无产阶级革命是无法取得胜利的。

巴黎公社革命后，欧美各国的工人阶级组建独立政党的任务提上了历史日程。同时，无产阶级政党的发展进入了第三个历史时期，就是世界各民族国家开始普遍建立独立的、群众性的无产阶级政党。这一时期的无产阶级政党同之前的两种形式相比，其背景和特点都发生了很大的变化。这个时候党的重要作用更大程度上得到了无产阶级及广大农民群众的认可，党的队伍不断地发展壮大。政党开展活动的具体内容更倾向于在自己民族国家范围内根据本国国情来开展相关的运动，但也注重加强国际合作。与此同时，斗争的方式不同于之前直接的暴力革命，而是通过开展和平、合法的斗争来为争取更大的胜利做准备。

那么工人阶级应建立一个什么样的政党，才能领导革命斗

① 参见《马克思恩格斯选集》第3卷，人民出版社2012年版，第52页。

争取得胜利呢？根据国际共产主义运动的丰富实践经验，只有共产党才能扛起引领无产阶级赢取革命胜利的重任。共产党是同一切旧的党派完全不同的政党，早在《共产党宣言》中，马克思、恩格斯对共产党就有过这样的论述：“共产党人同其他无产阶级政党不同的地方只是：一方面，在无产者不同的民族的斗争中，共产党人强调和坚持整个无产阶级共同的不分民族的利益；另一方面，在无产阶级和资产阶级的斗争所经历的各个发展阶段上，共产党人始终代表整个运动的利益。”[①]正是秉承着这样的坚定立场，“在实践方面，共产党人是各国工人政党中最坚决的、始终起推动作用的部分；在理论方面，他们胜过其余无产阶级群众的地方在于他们了解无产阶级运动的条件、进程和一般结果”[②]。相较于其他工人阶级政党而言，只有共产党能够始终代表无产阶级的利益，并能将无产阶级的利益要求同开展无产阶级解放斗争紧密地结合起来，在此基础上，将理论和实际相结合，制定出正确的方针和政策，带领工人阶级取得革命的胜利。共产党作为无产阶级革命的领导者，能够最大限度地将无产阶级同其他的同盟者联系起来，用先进的理论武装无产阶级的头脑，在革命条件成熟的时候能够带头起来发动武装斗争，适时地推动革命的爆发，以勇往直前、不惧牺牲的精神推翻资产阶级旧政权，建立起无产阶级的新政权。

① 《马克思恩格斯选集》第 1 卷，人民出版社 2012 年版，第 413 页。
② 《马克思恩格斯选集》第 1 卷，人民出版社 2012 年版，第 413 页。

2. 组织同盟军特别是工农联盟是夺取和巩固政权的必要条件

工人阶级开展革命不是一个阶级的单打独斗，还需要团结其他的阶级组成同盟军，壮大革命队伍，为革命的胜利提供保证。巴黎公社革命的历史经验证明了组织同盟军特别是工农联盟对夺取和巩固政权的重要作用。对于巴黎的工人阶级而言，其同盟者主要包括社会上的小资产阶级及最主要的农民群众。巴黎公社革命之所以能够取得短暂胜利，一个很重要的原因就在于取得了小资产阶级的支持。公社在成立后，采取了一些措施来团结小资产阶级,使小资产阶级中的大部分支持公社运动，这在很大程度上巩固了无产阶级在革命中的领导权。但遗憾的是，巴黎公社在工农联盟问题上并没有进行很好的处理，这也是导致巴黎公社革命最终失败的重要原因。这里将重点分析工农联盟的组建对于夺取政权的重要作用。

农民是无产阶级开展运动最可靠也是最有力的同盟军，只有最大限度地发动农民群众加入革命的队伍中来，才能有效推动革命的发展，巩固无产阶级取得的胜利果实。19 世纪的法国是一个农民占人口绝大多数的国家，全国 70%的人口都居住在农村。在这样的背景下，组织工农联盟对无产阶级革命具有重要的意义。当时的法国，一方面，资产阶级和工人阶级之间的阶级斗争是社会常态，农民阶级也无法置身事外。为取得斗争的胜利，占人口绝大多数的农民就成为这两大阶级共同争夺的对象。就当时的无产阶级而言，只有将农民纳入无产阶级革命的队伍中来，其领导的革命才称得上是真正的人民的革命。另一方面，虽然法国已经完成了工业革命，但工业化对整个国家的影响只是局部的，并没有发展成为成熟的工业资本主义。当时的法国，农业经济仍然在国民经济中占有重要的比重，因此，就经济层面上讲，工人阶级在这样的国家发动革命，如果不赢得农民的大力支持，很难完全取得革命的胜利。即便短暂地取得了胜利，也很难巩固革命的胜利果实。巴黎公社革命正好证明了这一点。

就当时法国社会的阶级力量对比状况而言，巴黎公社成立后，最重要的就是争取到农民阶级对新生的工人阶级政权的大力支持。事实上，巴黎公社在成立后，也采取了一些措施来争取农民群众的认可和支持。1871 年 3 月 21 日，巴黎公社的中央委员会就通过它的《公报》宣称，按照惯例大部分的战争赔款应当由战争的祸首来进行赔偿，但如果梯也尔政府取得了最终的胜利，那么战争的赔款势必落到工人阶级和农民阶级这些“生产者群众”身上。公社在战争赔款应由战争祸首来承担这个问题上是这样说的也是这样做的，马克思指出，“在这个极其重要的问题上，公社不仅代表着工人阶级和小资产阶级的利益，实际上也代表着除了资产阶级（富有的资本家）（富有的地主，以及他们的国家寄生虫）以外的全体中等阶级的利益。首先它代表的是法国农民的利益”[①]。这里明确了工人阶级和农民阶级

① 《马克思恩格斯选集》第 3 卷，人民出版社 2012 年版，第 144—145 页。

的立场一致,以此赢取农民阶级对工人阶级政权的信任和支持。此外，巴黎公社还通过了组建常备军、建立廉价政府、降低公职人员的薪酬、实行免费教育等措施，这些都或直接或间接地反映了农民阶级较为关心的问题。

如果说之前的措施只是为了巩固工人阶级政权的统治而颁发的，并没有积极地去实施，那么真正让巴黎公社的领导者认识到农民群众的重要性，并且采取积极行动的是在梯也尔政府围攻巴黎，革命战争陷入积极被动的局面之时。为打破战争的被动局面，由安德烈・列奥与贝・马隆起草的《巴黎公社社员告农村劳动农民书》于 1871 年 4 月 10 日发表在《公社报》上。《巴黎公社社员告农村劳动农民书》虽然不是正式文件，但却被公认为是巴黎公社为争取农民阶级支持颁布的有关农民问题最为重要的纲领性文件。《巴黎公社社员告农村劳动农民书》在开头之处，就以诚挚的话语提醒广大的农民群众“弟兄，你受了欺骗。我们的利益是一致的。我所要求的，也正是你所希望的；我所争取的解放，也将成为你的解放”[①]。通过该文件，阐述了巴黎公社有关农民阶级的政治主张，包括农民的儿子拥有平等的教育权且能接受免费的教育，农民可进行免费的诉讼，法官由人民选举产生，将农民身上沉重的赋税转移到富人身上及帮助农民获得土地等。与此同时，《巴黎公社社员告农村劳动农民

① 〔苏〕莫洛克编:《巴黎公社会议记录》第 1 卷，何清新译，商务印书馆 1961 年版，第 192 页。

书》在最后还发出公开的呼吁，“乡村的居民们，你们现在应该看出，巴黎的事业就是你们的事业”，“你们要帮助巴黎打胜仗，无论如何，你们要牢牢记住土地给农民，劳动工具给工人，人人都要干活这些话，因为革命将一直进行到这些话实现为止”[①]。当巴黎被梯也尔政府围攻时，公社人员将《巴黎公社社员告农村劳动农民书》印成传单，借助气球等工具向巴黎周边地区散发了十万份之多，这充分印证了在这个阶段巴黎公社的领导者们组建工农联盟的迫切愿望。

巴黎公社通过这些举措，在一定程度上获得了部分农民群众的响应和支持，但实际发挥的作用并不大，也没有形成可靠的工农联盟，最终革命惨遭失败。巴黎公社在农民问题上的失败，究其原因，主要有如下几个方面。首先，公社对农民问题的重视程度不够。巴黎公社期间，公社并没有针对如何发动农民加入工人阶级革命及支持公社开展革命运动开过专门会议，同时也没有针对农民关心的问题和涉及农民利益的问题制定过纲领性的文件，这充分反映了公社的领导人对农民问题认识不清，对农民阶级在革命中的重要作用缺乏清晰的认知。当时巴黎公社的主要成员是布朗基主义者和蒲鲁东主义者，“对于公社在经济方面的各种法令，无论是值得称道还是不值得称道的方面，首先要由蒲鲁东派负责；而对于公社在政治方面的行动和

① 〔苏〕莫洛克编：《巴黎公社会议记录》第 1 卷，何清新译，商务印书馆 1961 年版，第 194 页。

失策，则要由布朗基派负责”[①]，而这两个派别都存在着忽视农民阶级的倾向，这就制约了公社对农民问题的看法和决议，导致了整个公社领导层对农民阶级的重视不够。同时由于当时巴黎公社面临着严重的内忧外患，斗争形势非常严峻，因而公社领导人将更多的注意力放在开展军事斗争上，难以分出精力详细地处理农民问题。与此同时，公社内部成员对农民阶级的看法也存在着一定的分歧。一部分公社人员重视农民问题，认为应当积极争取农民阶级对革命的支持，还有一部分成员则认为农民阶级是资产阶级的伙伴，反对结成工农联盟，这对公社领导对农民问题的认识产生了一定的影响。其次，梯也尔政府对农民进行欺诈性宣传，采取武力对公社进行围堵，极大地制约了工农联盟的组建。尽管巴黎公社的领导人在最开始没有意识到农民问题的重要性，但梯也尔政府却深知农民阶级对其反动政权的价值。对于梯也尔政府来说，“农民的解放对他们来说甚至比城市无产阶级的解放更加可怕”[②]。因此，在巴黎公社成立后，梯也尔政府采取措施极力阻拦公社同巴黎及法国其他地区的农民进行密切的联系，客观上导致了公社根本无法近距离及大规模地同农民进行沟通，这就导致了巴黎公社难以建立起工农联盟。最后，就当时的社会背景而言，法国的工人阶级和农民阶级之间也存在着一定的社会矛盾。“在城市生产者和农村生产者之

① 《马克思恩格斯选集》第3卷，人民出版社2012年版，第52页。
② 《马克思恩格斯选集》第3卷，人民出版社2012年版，第146页。

间、在工业无产阶级和农民之间是存在着深刻的矛盾的”[①]，当时法国工人阶级和农民阶级之间的经济目标不同，工人阶级倾向于在集中生产资料的基础上开展大规模的有组织性的劳动，而农民阶级则更加倾向于拥有属于自己的独立的生产资料，从而独立开展经济活动。经济基础决定上层建筑，两个阶级在经济上的观点差异，客观上就导致了两者政治观点的不同，这就使广大农民无法切实感受到公社对他们利益的维护。在梯也尔政府的欺诈性宣传下，农民甚至对公社产生了极大的偏见，这使工农联盟难以真正形成。

总之，公社虽然为争取农民阶级做出过一些努力，初步体现了工人阶级革命中组建工农联盟的思想，并且巴黎公社也曾努力建立起可靠的工农联盟以巩固和推动工人阶级革命的进一步发展，但是在当时各种内外部综合因素的影响下，这一目的最后没有实现。巴黎公社历经两个多月便以失败告终了，但是其历史经验表明了建立同盟军特别是工农联盟对巩固无产阶级领导权具有重要的作用，这为后来的无产阶级革命提供了宝贵的经验和教训。

① 《马克思恩格斯选集》第 3 卷，人民出版社 2012 年版，第 146 页。

第四章　中国共产党对两部著作思想的忠实遵循和创新发展

中国共产党是伟大的马克思主义政党，在百年奋进中，一直坚守以马克思主义为根本指导思想，是包括马克思这两部光辉著作——《1848 年至 1850 年的法兰西阶级斗争》和《法兰西内战》思想在内的忠实传人、坚定践行者和发扬光大者。

一、坚定不移地坚持以马克思主义为指导

《1848 年至 1850 年的法兰西阶级斗争》和《法兰西内战》以血和火的文字记载了无产阶级在 1848 年至 1850 年的法兰西阶级斗争及 1871 年的法兰西内战中遭到的惨败。一个血的教训就是因为受社会经济发展条件的客观限制和起义者自身的缺陷，斗争没有得到马克思主义的科学指导。在 1848 年至 1850 年的法兰西阶级斗争中，受当时法国经济社会发展水平的限制，法国无产阶级力量弱小，还很不成熟，马克思主义理论水平不高，在当时的斗争中占主导地位的仍然是资产阶级或小资产阶

级的思想。但巴黎公社革命时期，占主导的思想派别根本不懂马克思主义，也无法准确把握阶级斗争的规律及社会发展的规律，无法制定出正确的思想路线。由于没有科学的马克思主义的理论指导，这两次革命运动都失败了。

习近平指出：“一个民族要走在时代前列，就一刻不能没有理论思维，一刻不能没有正确思想指引。”[①]中国共产党从成立的第一天起，就从国际共产主义运动的历史经验、中国近代以来寻求民族独立和人民解放的教训中，克服艰难困苦，寻找到了“马克思主义这个唯一正确的革命理论”[②]。正是在马克思主义的指导下，中国共产党带领中国人民经过持续不断的奋斗，发现了近代中国社会的发展方向，找到了中国革命、建设和改革开放的正确道路，实现了中国革命、建设和改革开放的伟大胜利。在总结中国新民主主义革命胜利的原因时，毛泽东曾深刻地指出，中国革命的胜利，要“谢谢马克思、恩格斯、列宁和斯大林，他们给了我们以武器。这武器不是机关枪，而是马克思列宁主义”[③]。邓小平也指出：“如果我们不是马克思主义者，没有对马克思主义的充分信仰，或者不是把马克思主义同中国自己的实际相结合，走自己的道路，中国革命就搞不

① 《继续把党史总结学习教育宣传引向深入　更好把握和运用党的百年奋斗历史经验》,《人民日报》2022 年 1 月 12 日。

② 《列宁选集》第 4 卷，人民出版社 2012 年版，第 137 页。

③ 《毛泽东选集》第 4 卷，人民出版社 1991 年版，第 1469 页。

成功。”[①]1978 年党的十一届三中全会开启了中国社会主义现代化建设的新征程。20 世纪 80 年代，有些人开始怀疑中国走社会主义道路的正确性，鼓吹放弃马克思主义的指导地位，主张走资本主义道路。邓小平敏锐地注意到这个问题，旗帜鲜明地提出反对资产阶级自由化，明确要坚持四项基本原则不动摇，坚定不移地坚持社会主义发展方向。邓小平指出，“只有社会主义才能救中国，这是中国人民从五四运动到现在六十年来的切身体验中得出的不可动摇的历史结论”[②]。改革开放进程中，面对国内和国际社会对中国可以不坚持马克思主义，不搞社会主义，搞资本主义更能促进生产力发展的错误论调，邓小平进一步明确，“中国搞资本主义不行，必须搞社会主义”[③]。中国特色社会主义进入新时代，中国站在新的历史方位上。在全面深化改革的进程中，习近平一再强调，我们的改革开放是有方向、有立场、有原则的，绝不允许打着改革的旗号，改变我国社会主义国家的性质。我国无论怎么改革、怎么开放，都要坚持社会主义方向，须臾不能离开马克思主义的指导，在坚持马克思主义指导地位这个根本问题上，决不能有任何含糊和动摇。在马克思主义的指导下，近代以来的中国发生了沧桑巨变，实现了中国近代以来由站起来、富起来到强起来的巨大转变。这有力地证明了马克思主义的科学性，有力地证明了坚持以马克思主义为指导的正确性。

① 《邓小平文选》第 3 卷，人民出版社 1993 年版，第 63 页。
② 《邓小平文选》第 2 卷，人民出版社 1994 年版，第 166 页。
③ 《邓小平文选》第 3 卷，人民出版社 1993 年版，第 63 页。

在坚定不移地坚持以马克思主义为指导这个问题上，我们要注意批判马克思主义“失灵论”“过时论”“无用论”等错误思想。所谓马克思主义“失灵论”，就是认为马克思主义诞生于自由资本主义时期，在资本主义高度发达的今天，马克思主义已经无法解释或解决人类社会问题，马克思主义已经失灵。所谓马克思主义“过时论”，就是认为马克思主义只是特定时代针对特定问题而产生的理论，只能指导当时的社会实践，在今天已经过时。所谓马克思主义“无用论”，就是认为在和平与发展成为时代主题、阶级差异日益消弭的今天，马克思主义主张的工人阶级运动和暴力革命已成为无用的思想。马克思主义“失灵论”“过时论”“无用论”都是错误的。马克思主义“失灵论”未能认识或不愿正视马克思主义理论体系的科学性。作为一个科学理论体系，马克思主义将辩证法和唯物论高度统一起来，把唯物辩证的自然观和历史观高度统一起来，用辩证唯物主义和历史唯物主义的深刻思想逻辑、严谨思维体系、科学思维方法全面系统深刻阐释了自然界、人类社会和人的思维发展的一般规律，它既是世界观也是方法论，其立场、观点和方法无论何时都是人类认识世界、改造世界的有力思想武器，永远不会失灵。马克思主义“过时论”没有看到或不愿正视马克思主义理论的开放性、发展性。马克思主义并没有结束真理，而是开辟了通向真理的道路，它不是僵化不变的“绝对体系”，不是僵死的教条。马克思主义坚持面向时代，永不止步于既有结论，一部马克思主义发展史也是一部与时俱进的创新史。马克思主义永远不会过时。马克思主义“无用论”没有认识到或不愿正视马克思主义的崇高追求和价值旨归，作为一种解放全人类和以谋求人类幸福为崇高追求和价值目标的理论，只要人类追求幸福的脚步没有停歇，马克思主义的历史使命就不会结束，马克思主义就具有永恒的价值。上述错误思想对我们坚定不移地坚持以马克思主义为指导危害极大，我们要时刻警惕，加以批驳。关于马克思主义的科学性、真理性，习近平有过深刻阐述，他指出：“在人类思想史上，就科学性、真理性、影响力、传播面而言，没有一种思想理论能达到马克思主义的高度，也没有一种学说能像马克思主义那样对世界产生了如此巨大的影响。这体现了马克思主义的巨大真理威力和强大生命力，表明马克思主义对人类认识世界、改造世界、推动社会进步仍然具有不可替代的作用。”①

在推进中国特色社会主义伟大进程中，对举什么旗、走什么路，坚定不移地坚持以马克思主义为指导这个问题上，我们必须旗帜鲜明、立场坚定。习近平在全国党校工作会议上的讲话中明确指出：“马克思主义是我们党的指导思想，共产主义是我们党的远大理想。没有马克思主义信仰、共产主义理想，就没有中国共产党，就没有中国特色社会主义。我主持起草党的十八大报告时，专门要求写了这样一段话：‘对马克思主义的信仰，对社会主义和共产主义的信念，是共产党人的政治灵魂，

① 《习近平谈治国理政》第 2 卷，外文出版社 2017 年版，第 65 页。

是共产党人经受住任何考验的精神支柱。’”[①]中国共产党的百年历程证明了这一论断的正确性。

习近平在省部级主要领导干部学习贯彻党的十九届六中全会精神专题研讨班开班式上的讲话中指出：“中国共产党为什么能，中国特色社会主义为什么好，归根到底是因为马克思主义行。马克思主义之所以行，就在于党不断推进马克思主义中国化时代化并用以指导实践。”[②]在推进中国特色社会主义伟大事业进程中，我们要坚持马克思主义在意识形态领域指导地位的根本制度，用制度的刚性原则保证马克思主义的指导地位，把坚持马克思主义的指导地位贯彻到社会生活的方方面面。党的十八大以来，以习近平同志为主要代表的中国共产党人，“坚持把马克思主义基本原理同中国具体实际相结合、同中华优秀传统文化相结合，坚持毛泽东思想、邓小平理论、‘三个代表’重要思想、科学发展观，深刻总结并充分运用党成立以来的历史经验，从新的实际出发”[③]，“就新时代坚持和发展什么样的中国特色社会主义、怎样坚持和发展中国特色社会主义，建设什么样的社会主义现代化强国、怎样建设社会主义现代化强国，建设什么样的长期执政的马克思主义政党、怎样建设长期执政

① 习近平：《在全国党校工作会议上的讲话》，《求是》2016 年第 9 期。

② 《继续把党史总结学习教育宣传引向深入　更好把握和运用党的百年奋斗历史经验》，《人民日报》2022 年 1 月 12 日。

③ 《党的十九届六中全会〈决议〉学习辅导百问》编写组：《党的十九届六中全会〈决议〉学习辅导百问》，学习出版社 2021 年版，第 30 页。

的马克思主义政党等重大时代课题，提出一系列原创性的治国理政新理念新思想新战略”[①]，形成习近平新时代中国特色社会主义思想，深化了对共产党执政规律、社会主义建设规律、人类社会发展规律的认识。习近平新时代中国特色社会主义思想是当代中国马克思主义，21世纪马克思主义。在当代中国，坚定不移地坚持以马克思主义为指导，就是要坚定不移地坚持以习近平新时代中国特色社会主义思想为指导。

二、坚持中国共产党的领导

1848年至1850年法兰西阶级斗争和1871年巴黎公社革命失败的根本原因就在于缺乏坚定的马克思主义政党的领导。必须组建有别于其他政党的无产阶级政党是马克思总结巴黎公社革命经验教训得出的重大结论。无产阶级政党的成立能够为无产阶级事业的成功提供坚实保障。这一重要思想为后来坚持无产阶级政党领导和进行无产阶级政党建设提供了理论基础和思想基础。

党的领导事关无产阶级运动的成败，事关社会主义事业的成败。习近平明确指出，党的领导“是党和国家的根本所在、命脉所在，是全国各族人民的利益所系、命运所系”[②]。中国共

① 《党的十九届六中全会〈决议〉学习辅导百问》编写组：《党的十九届六中全会〈决议〉学习辅导百问》，学习出版社2021年版，第32页。

② 习近平：《在庆祝中国共产党成立100周年大会上的讲话》，人民出版社2021年版，第11页。

产党历来强调党的领导在党和国家事业发展中的“定海神针”作用。在中国共产党的领导下，我们取得了新民主主义革命、社会主义革命和建设、改革开放和社会主义现代化建设、开创中国特色社会主义新时代的重大胜利和巨大成功，创造中华人民共和国成立以来世所罕见的经济快速发展和社会长期稳定两大奇迹。习近平多次强调，中国特色社会主义最本质的特征是中国共产党的领导，中国特色社会主义制度的最大优势是中国共产党的领导。十三届全国人大一次会议审议通过的宪法修正案，把“中国共产党领导是中国特色社会主义最本质的特征”载入宪法总纲,以国家根本大法的形式强调了党的领导在中国特色社会主义中的核心地位,强调把党的领导贯彻落实到国家政治生活和社会生活的各个领域,确保中国特色社会主义始终沿着正确轨道推进，为中国共产党长期执政提供了基本法律依据。

在坚持中国共产党的领导这个问题上，我们要坚决抵制两种歪理邪说。一是把共产党的领导作用同人民群众的历史作用相对立的观点。现代资产阶级学说总是把矛头对准共产党的执政和领导。他们把共产党的领导同历史发展规律对立起来，制造共产党的领导作用同人民群众的历史作用对立。马克思主义认为，历史是一个自然过程，在这个过程中，历史发展的这一或那一方向并不取决于人们的意志和思想，而是取决于社会力量的相互作用。显然，把共产党的领导作用同人民群众的历史作用对立，是对历史唯物主义的粗暴歪曲，其中至少有四个原则性错误：其一，它把马克思主义讲的人类历史的自然过程曲解成同自然界变化一样的自发过程，不懂得人类历史规律的形成和作用不同于自然规律的形成和作用；其二，它把历史发展的方向不取决于人们的意志和思想，理解为与人民群众创造历史的实践活动及其内因无关，从而导致了神秘论；其三，它把“社会力量的相互作用”理解成无序的、没有方向的、盲目的、不可引导与整合的状态；其四，它完全不懂历史唯物主义的科学真理同无产阶级立场是完全一致的，因而把历史唯物主义同共产党的领导作用尖锐对立起来。把共产党的领导作用同唯物史观对立起来是荒谬的，资产阶级学者制造这种舆论，无非是企图通过歪曲历史唯物主义原理，为反对共产党领导作用的人提供所谓的历史理论根据。二是否定共产党领导作用的资产阶级自由化观点。这种观点假借现在出现了利益集团多元化，而要求实现“西方宪政”制度，实行多党竞选轮流执政。这种奇谈是站不住脚的。其一，我国现阶段的多种经济成分是以社会主义公有制为主体的，私营经济、个体经济和外贸企业等经济成分都是受公有制制约而存在的。从事这些经济活动的社会成员虽有其具体利益的差别，但社会主义制度和共产党的领导是他们的共同利益所在，若离开了社会主义和共产党的领导，他们就会失去发展的基础和前提。在中国特色社会主义制度下，他们不能够形成独立于社会主义和共产党的领导的、具有特殊政治思想体系的政治集团，不能同工人阶级发生根本的利害冲突。因此，搞自由化的人借口我国社会经济成分、组织形式、就业方式、利益关系和分配方式日益多样化，利益集团多元化，要求搞西方多党轮流执政，这是同我国基本国情不相容的。其二，承认社会主义制度下存在着多元利益关系，也要承认需要通过一定的组织形式来反映它们正当的利益要求，但这也不足以说明需要有代表不同具体利益的政治反对派别，更不能作为建立轮流执政的西方政党制的理由。由公有制产生的全局利益和社会利益是各种具体利益得到实现和发展的基础，只有通过共产党强有力的领导来维护这种共同利益，各种具体利益才能够得到协调发展，否则彼此间的利益矛盾非但不能克服，而且还会加剧，以至于使社会失控，失去稳定性。由此所需要的是，执政党站在广大人民群众的立场上，代表其共同利益和根本利益，而不是站在某个谋求少数利益的集团的立场上，代表少数人的利益。这也说明根本没有必要实行多党轮流执政。至于所需要的代表不同具体利益的政治力量，我国早已有八个民主党派活跃在政治舞台上。其三，大量的历史和现实材料充分证明，在当今中国的政治舞台上，由党的性质、根本宗旨和先进的理论指导所决定，唯有中国共产党能够在各种不同的历史条件下，正确反应和妥善处理各种利益关系，能够认真考虑和兼顾不同阶层、不同方面群众的利益，首先考虑并满足最大多数人的利益，忠实可靠地代表工人阶级和全体人民的利益，所以只有它才有资格、有能力担任中国的执政党、领导党。历史证明，这是适合我国国情的政党制度，是我国政治制度的重要特点和优点。可见，历史唯物主义没有给否定共产党领导作用的资产阶级自由化观点提供任何证据，恰恰相反，它为共产党的执政地位、领导地位的确立、巩固奠定了一块坚实的理论基石。

中国特色社会主义进入新时代。坚持党的领导，要求我们完善党的领导，永葆党的先进性和纯洁性，我们要时刻警醒“马克思主义政党的先进性和纯洁性不是随着时间推移而自然保持下去的，共产党员的党性不是随着党龄增长和职务提升而自然提高的”[①]。因而，在新的历史条件下，我们必须持续推进党的建设新的伟大工程，发挥历史主动性和创造性，积极推动理论创新、实践创新和制度创新，以伟大建党精神为指导，大力推进全面从严治党，增强“四个意识”，坚定“四个自信”，做到“两个维护”，发扬自我革命精神，以党的自我革命，解决党内存在的矛盾和问题，不断提升党的领导水平和执政能力，增强党拒腐防变和抵御风险的能力，切实把党建设成为始终走在时代前列、人民衷心拥护，经得起各种风浪考验、朝气蓬勃的马克思主义政党，确保党始终成为中国人民的主心骨，始终成为中国特色社会主义伟大事业的坚强领导核心。

三、高度重视意识形态领域的斗争

马克思在《1848 年至 1850 年的法兰西阶级斗争》和《法兰西内战》两部著作中，一方面阐述了对两部著作中提到的两个重大事件的看法，进一步丰富和发展了马克思主义学说；另一方面批判了当时形形色色的错误思潮，特别是资产阶级学者

① 《习近平谈治国理政》第 3 卷，外文出版社 2020 年版，第 538 页。

和代表性人物对这两个重大事件中群众活动的污蔑和诽谤。恩格斯在为这两部光辉著作撰写的导言中，更是既坚持了马克思对法兰西阶级斗争和法兰西内战的基本看法并作了进一步发展，又对当时的错误思想和错误思潮进行了严厉的批判，坚持了马克思主义基本原理，维护了马克思主义的权威。高度重视意识形态工作和做好意识形态领域的斗争，是《1848 年至 1850 年的法兰西阶级斗争》和《法兰西内战》及其导言的鲜明特征，也是马克思主义发展进程中的突出特点。

当代中国，坚持马克思主义在意识形态领域的指导地位始终面临着风险和挑战。尤其是近年来，各种反马克思主义思潮，诸如新自由主义、历史虚无主义、宪政主义等不时登场，一定程度上损害了全党和全国人民团结奋斗的思想理论基础，干扰了中国特色社会主义现代化建设进程。面对各种错误思潮，马克思主义者不能袖手旁观，要加强批驳、辨析、引导，深刻把握各种反马克思主义思潮的实质，不断巩固马克思主义在我国意识形态领域的指导地位。马克思、恩格斯在《1848 年至 1850 年的法兰西阶级斗争》《法兰西内战》及其导言中对意识形态领域的斗争为我们在新时代做好意识形态领域工作，既树立了榜样，又提供了方法论指导。

意识形态事关全局。马克思曾指出："如果从观念上来考察，那么一定的意识形式的解体足以使整个时代覆灭。"[①]习近平也

① 《马克思恩格斯文集》第 8 卷，人民出版社 2009 年版，第 170 页。

强调，“一个政权的瓦解往往是从思想领域开始的，政治动荡、政权更迭可能在一夜之间发生，但思想演化是个长期过程。思想防线被攻破了，其他防线就很难守住”[①]，认为“我们中国共产党人能不能在日益复杂的国际国内环境下坚持住党的领导、坚持和发展中国特色社会主义，这个还需要我们一代一代共产党人继续作出回答。做好意识形态工作，做好宣传思想工作，要放到这个大背景下来认识”[②]。因而，我们思考和处理意识形态领域问题，要从维护国家政权安全的高度来认识，要把它放到坚持和发展中国特色社会主义这个大背景下来考量。这要求我们要继承和发扬马克思、恩格斯在《1848 年至 1850 年的法兰西阶级斗争》和《法兰西内战》及其导言中所展现的勇于和敢于同错误思潮作斗争的精神。当今的中国，国际上面临百年未有之大变局，国内全面开启建设社会主义现代化国家的新征程，向实现党的第二个百年奋斗目标进军，正处于中华民族伟大复兴的关键时期。中国共产党正带领中国人民进行着伟大的社会革命。我们必须牢记，实现民族复兴的伟大事业绝不是轻轻松松、敲锣打鼓就可以实现的，我们正面临具有许多新的历史特点的伟大斗争，意识形态领域也是如此。一方面，我们要认识到，“马克思主义产生和发展、社会主义国家诞生和发展的

---

① 中共中央文献研究院编：《习近平关于社会主义文化建设论述摘编》，中央文献出版社 2017 年版，第 21 页。

② 中共中央文献研究院编：《习近平关于社会主义文化建设论述摘编》，中央文献出版社 2017 年版，第 31—32 页。

历程充满着斗争的艰辛。建立中国共产党、成立中华人民共和国、实行改革开放、推进新时代中国特色社会主义事业，都是在斗争中诞生、在斗争中发展、在斗争中壮大的”[①]。另一方面，我国正在推进全面深化改革，推进中国特色社会主义伟大事业，它“涵盖领域的广泛性、触及利益格局调整的深刻性、涉及矛盾和问题的尖锐性、突破体制机制障碍的艰巨性、进行伟大斗争形势的复杂性”[②]，都前所未有。面对复杂的国际和国内背景，马克思主义在意识形态领域指导地位面临的风险依然存在，各种错误思潮、派别粉墨登场，企图在思想领域掀起惊涛骇浪，干扰和阻挠我国社会主义现代化强国建设和民族伟大复兴的进程，这要求马克思主义者必须切实担负起维护我国意识形态安全的责任，守好“责任田”，敢于向错误思想亮剑，与它们作坚决的斗争。

古人说，事必有法，然后可成。做好意识形态领域的斗争要讲究方式方法。一是坚持马克思主义在意识形态领域指导地位的根本制度。党的十八大以来，我国意识形态工作取得重大进展，“党的理论创新全面推进，马克思主义在意识形态领域的指导地位更加鲜明”[③]，以往意识形态工作存在的松、软、虚、散等现象发生了根本改变。但是，面对世界百年未有之大变局、

① 《习近平在中央党校（国家行政学院）中青年干部培训班开班式上发表重要讲话强调 发扬斗争精神增强斗争本领 为实现“两个一百年”奋斗目标而顽强奋斗》，《人民日报》2019 年 9 月 4 日。

② 《习近平谈治国理政》第 3 卷，外文出版社 2020 年版，第 516 页。

③ 习近平：《决胜全面建成小康社会 夺取新时代中国特色社会主义伟大胜利》，人民出版社 2017 年版，第 4 页。

全面深化改革和中华民族伟大复兴新形势，马克思主义与非马克思主义、反马克思主义在意识形态领域展开了非常激烈的斗争，我国意识形态领域的风险长期存在。保障马克思主义在社会意识形态中占据统治地位，最根本的办法是意识形态领域的制度建设，把马克思主义在意识形态领域的指导地位制度化。二是牢牢掌握意识形态工作的领导权。习近平指出，“新时代做好意识形态工作，必须坚持和加强党对意识形态工作的全面领导，把意识形态工作领导权牢牢抓在手里”[①]。掌握意识形态工作的领导权要求我们保持对意识形态的掌控力，增强社会主义意识形态的凝聚力和引领力，构建舆论引导新格局，培育和弘扬社会主义核心价值观，用核心价值观引领社会思潮，尤其是注重对网上意识形态工作的引领，打赢网络意识形态领域斗争攻坚战。三是批判错误思潮赖以存在的世界观。恩格斯在两篇导言中批判错误思潮时，既突出了对错误思潮错误表现的深刻揭露，又深入地研究了这些错误思潮背后的世界观根源。当前，我们批判错误思潮，也要遵循马克思、恩格斯批判的思路，既批判错误思潮的错误表现，又要深挖错误思潮形成的世界观基础。只有深挖错误思潮的世界观，我们才能搞清楚它的性质、如此表现的原因等。在揭露错误思潮的错误表现中，把它的世界观批倒批垮，暴露错误思潮赖以存在的精神支柱，让人们认

① 《习近平新时代中国特色社会主义思想三十讲》，学习出版社2018年版，第217页。

清其实质。四是注重理论批判与政治批判相结合。我们在批判错误思潮时应该从理论和政治上对它们进行批判。其一，错误思潮是一种虚假的意识，它颠倒了思维与存在的关系，割裂了社会意识与社会存在的统一。这是一切错误思潮理论上的世界观基础，对此，我们要严加批判，从理论上讲清楚。其二，大多数社会思潮都有其政治上的目的，错误思潮更是如此，它们不仅仅想从思想上影响人们，还想达到政治上人们对它们的认同，如新自由主义、民主社会主义、历史虚无主义、西方宪政民主等，无不如此。它们的论调表面上看观点各异，但其本质都是一样的，都是对我们在实现中华民族伟大复兴进程中“举什么旗”“走什么路”的质疑和干扰，其实质都是主张中国改旗易帜，走资本主义道路。因而，对错误思潮，我们要从理论和政治上对它们进行彻底的批判。五是要注重破立结合。破立并举是马克思、恩格斯在《1848 年至 1850 年的法兰西阶级斗争》《法兰西内战》及导言行文中的一大特色，既批判了错误的思想，又全面阐发了马克思、恩格斯对这些问题的基本认识，这对我们当前在批判错误思潮中做好破立结合树立了典范。对错误思潮仅仅是批判还是不够的，要在批判的过程中，阐明正确的观点和主张，因为“正确的东西总是在同错误的东西作斗争的过程中发展起来的。真的、善的、美的东西总是在同假的、恶的、丑的东西相比较而存在，相斗争而发展的”[①]，通过破立结合，让人

① 《毛泽东文集》第 7 卷，人民出版社 1999 年版，第 230 页。

们认识到错误思潮的实质，从而接受正确的观点和主张，做到在批判错误思潮中以立为本、破立并举，不断增强马克思主义占主导地位的社会主义意识形态的凝聚力和引领力，达到批判错误思潮和宣传正确理论观点的统一。

四、坚持人民民主专政的国家学说

马克思总结 1848 年至 1850 年法兰西阶级斗争和 1871 年巴黎公社革命的经验教训得出的一个重要结论就是，工人阶级不能简单地掌握资产阶级现有的国家机器并用它达到自己的目的。马克思认为，无产阶级和劳动人民要想获得真正的解放，必须彻底打碎旧的国家机器，代之以人民的国家，实行无产阶级专政。

恩格斯针对当时机会主义的泛滥，在为《法兰西内战》撰写的导言中对马克思的无产阶级专政学说作了进一步发展，明确把巴黎公社的政权称为无产阶级专政的政权。列宁在领导俄国革命和建设过程中，在新的历史条件下，丰富和发展了马克思、恩格斯的无产阶级专政思想。在《论两个政权》一文中，列宁明确苏维埃政权就是无产阶级和农民阶级的革命专政；在《国家和革命》一书中，列宁又继承和发展了巴黎公社的经验教训，系统地阐发了无产阶级专政学说。中国共产党一直非常重视巴黎公社的经验教训，对马克思的《法兰西内战》及恩格斯撰写的导言蕴含的思想作了进一步的发展。毛泽东根据中国的国情和中国阶级结构的特点，把无产阶级专政学说和中国实际相结合，提出了人民民主专政。毛泽东指出，人民民主专政本质上就是无产阶级专政。在大革命时期，毛泽东就指出，巴黎公社失败的一个重要原因就是“对敌人太妥协太仁慈——我们对敌人仁慈，便是对同志残忍”，“我们不用严厉的手段对付敌人，敌人便要用极残酷的手段对付我们了。巴黎公社，对于敌人不取严厉处置，还容许敌人占住金融机关，调集军队，所以终被敌人覆灭了。各同志要鉴往知来，惩前毖后”[①]。经过艰苦卓绝的斗争，中国取得了新民主主义革命的胜利。毛泽东在《论人民民主专政》一文中对新民主主义革命的经验进行了总结，认为建立人民民主专政共和国是中国共产党奋斗二十八年的主要经验和主要纲领。在这篇文章中，毛泽东详细描述了中国共产党二十几年经历的风风雨雨，认为“西方资产阶级的文明，资产阶级的民主主义，资产阶级共和国的方案，在中国人民的心目中，一齐破了产。资产阶级的民主主义让位给工人阶级领导的人民民主主义，资产阶级共和国让位给人民共和国”[②]成为历史的结论。毛泽东满怀信心地指出，“总结我们的经验，集中到一点，就是工人阶级（经过共产党）领导的以工农联盟为基础的人民民主专政。这个专政必须和国际革命力量团结一致。这就是我们的公式，这就是我们的主要经验，这就是我们的主

① 《毛泽东文集》第 1 卷，人民出版社 1993 年版，第 35 页。
② 《毛泽东选集》第 4 卷，人民出版社 1991 年版，第 1471 页。

要纲领”[①]。在筹建中华人民共和国的过程中，毛泽东明确指出，“我们政权的阶级性是这样：无产阶级领导的，以工农联盟为基础，但不是仅仅工农，还有资产阶级民主分子参加的人民民主专政”[②]。在毛泽东看来，人民民主专政“对于胜利了的人民，这是如同布帛菽粟一样地不可以须臾离开的东西。这是一个很好的东西，是一个护身的法宝，是一个传家的法宝，直到国外的帝国主义和国内的阶级被彻底地干净地消灭之日，这个法宝是万万不可以弃置不用的”[③]。在改革开放初期，邓小平把坚持人民民主专政概括为四项基本原则之一，强调它与其他三项基本原则联系紧密，同等重要，社会主义需要人民民主专政的权威。邓小平强调，“依靠无产阶级专政保卫社会主义制度，这是马克思主义的一个基本观点”[④]，必须长期坚持。

中国特色社会主义进入新时代，中华民族迎来了从站起来、富起来到强起来的伟大飞跃。但正如习近平总书记指出的那样：“我们的事业越前进、越发展，新情况新问题就会越多，面临的风险和挑战就会越多，面对的不可预料的事情就会越多。”[⑤]面对波谲云诡的国际形势、复杂多变的国内状况，我们必须毫不动摇地坚持人民民主专政。习近平总书记在庆祝全国人民代表

① 《毛泽东选集》第 4 卷，人民出版社 1991 年版，第 1480 页。
② 《毛泽东文集》第 5 卷，人民出版社 1996 年版，第 135 页。
③ 《毛泽东选集》第 4 卷，人民出版社 1991 年版，第 1502—1503 页。
④ 《邓小平文选》第 3 卷，人民出版社 1993 年版，第 379 页。
⑤ 《十八大以来重要文献选编》上，中央文献出版社 2014 年版，第 114—115 页。

大会成立 60 周年大会上的讲话中强调，“中国实行工人阶级领导的、以工农联盟为基础的人民民主专政的国体，实行人民代表大会制度的政体，实行中国共产党领导的多党合作和政治协商制度，实行民族区域自治制度，实行基层群众自治制度，具有鲜明的中国特色”，“照抄照搬他国的政治制度行不通，会水土不服，会画虎不成反类犬，甚至会把国家前途命运葬送掉”[①]。

在坚持人民民主专政的国家学说这个问题上，我们必须旗帜鲜明地反对两种错误观点。一是把人民民主专政说成是“独裁”“专制”。这种观点没有看到人民民主专政是对人民实行民主和对敌人进行专政的统一，是捍卫人民政权所必须采取的国家政权组织形式。我们对此观点要严厉驳斥，要明确在社会主义国家里，坚持人民民主专政并不输理，要充分认识到，“人民民主专政的国家制度是保障人民革命的胜利成果和反对内外敌人的复辟阴谋的有力的武器，我们必须牢牢地掌握这个武器”[②]。二是否认在我国阶级和阶级斗争是一种客观存在，认为马克思主义的阶级斗争学说已经过时，人民民主专政失去存在的土壤。关于我国阶级和阶级斗争的状况，党中央早已有过明确的结论。观察国内和国际社会状况，我们可以明确看出，否认我国目前还存在阶级和阶级斗争的看法是站不住脚的，阶级和阶级斗争仍然是一个客观存在，国内外敌视和破坏社会主义制度、企图

① 习近平：《在庆祝全国人民代表大会成立 60 周年大会上的讲话》，《人民日报》2014 年 9 月 6 日。

② 《毛泽东文集》第 5 卷，人民出版社 1996 年版，第 344 页。

分裂社会主义国家的阴谋一直存在。因而，针对我国不存在阶级和阶级斗争的看法，我们要清醒地认识到，“这种观点是不对的。我们说阶级斗争已经不再是我国社会主要矛盾，并不是说阶级斗争在一定范围内不存在了，在国际大范围中也不存在了”[①]。正是基于这样的认识，2018年3月通过的《中华人民共和国宪法修正案》载明：“在我国，剥削阶级作为阶级已经消灭，但是阶级斗争还将在一定范围内长期存在。中国人民对敌视和破坏我国社会主义制度的国内外的敌对势力和敌对分子，必须进行斗争。”[②]

习近平指出：“一个政党，一个政权，其前途命运取决于人心向背。人民群众反对什么、痛恨什么，我们就要坚决防范和打击。”[③]在当代中国，坚持人民民主专政本质上就是坚持人民当家作主，保证人民依法通过各种途径和形式管理国家事务，管理经济文化事业，管理社会事务。一方面，用制度体系保障人民当家作主，通过全过程人民民主，表达人民意志，激发人民创造活力，发挥人民在国家治理中的主体地位；另一方面，对极少数敌对分子进行专政，保障人民权益，维护国内社会正常秩序，实现国家长治久安和人民共同幸福。中国共产党立志于中华民族千秋伟

① 龚云：《马克思主义政党就要旗帜鲜明地讲政治》，《红旗文稿》2017年第7期。

② 《中华人民共和国宪法》，中国法制出版社2018年版，第5—6页。

③ 习近平：《在庆祝全国人民代表大会成立60周年大会上的讲话》，《人民日报》2014年9月6日。

业，百年恰是风华正茂，在向着实现党的第二个百年奋斗目标的征程中，会面临更多可以预料和难以预料的风险挑战，我们必须坚持人民民主专政的国家学说，把握好新的伟大斗争的历史特点，保证中国特色社会主义伟大事业行稳致远。

五、坚持以人民为中心

人民群众是历史的创造者。“历史活动是群众的活动，随着历史活动的深入，必将是群众队伍的扩大。”[①]1848 年至 1850 年的法兰西阶级斗争和 1871 年的巴黎公社革命是法国无产阶级和人民群众的伟大壮举，在这两大历史事件中，无产阶级维护了人民群众的利益，展现了人民群众的历史主动性、巨大创造性和改天换地的冲天干劲，是马克思主义的历史唯物主义群众史观的生动体现。马克思在《法兰西内战》中指出，“人们对公社有多种多样的解释，多种多样的人把公社看成自己利益的代表者”[②]。坚持以人民为中心，维护人民的利益，实现人的自由而全面的发展，是历史唯物主义的本质要求，是马克思主义政党的价值归宿。

中国共产党是马克思主义政党。中国共产党来自人民、植根人民、服务人民。中国共产党继承和发展了《1848 年至 1850

① 《马克思恩格斯文集》第 1 卷，人民出版社 2009 年版，第 287 页。
② 《马克思恩格斯文集》第 3 卷，人民出版社 2009 年版，第 157 页。

年的法兰西阶级斗争》和《法兰西内战》中的以人民为中心的思想，强调全心全意为人民服务是中国共产党的宗旨，为中华民族谋复兴、为中国人民谋幸福是中国共产党的初心和使命。这种思想贯穿于党的百年史，确保中国共产党取得一个又一个的胜利。习近平明确指出："毛泽东同志要求全党同志必须全心全意为人民服务，邓小平同志要求我们做工作必须考虑群众拥护不拥护、赞成不赞成、高兴不高兴、答应不答应，江泽民同志提出我们党要始终代表中国最广大人民根本利益，胡锦涛同志提出必须把实现好、维护好、发展好最广大人民根本利益作为一切工作的出发点和落脚点，我们这一届党中央明确提出'人民对美好生活的向往，就是我们的奋斗目标'，是一以贯之的。在前进征途上，只要我们党始终坚持人民利益高于一切，紧紧依靠人民，就能永远立于不败之地。"①

党的十八大以来，以习近平同志为核心的党中央强调坚持以人民为中心，把维护人民的利益放在了一个新的高度。习近平指出，"必须以最广大人民根本利益为我们一切工作的根本出发点和落脚点，坚持把人民拥护不拥护、赞成不赞成、高兴不高兴作为制定政策的依据，顺应民心、尊重民意、关注民情、致力民生，既通过提出并贯彻正确的理论和路线方针政策带领人民前进，又从人民实践创造和发展要求中获得前进动力，让人民共享改革开

① 中共中央文献研究室编：《习近平论关于社会主义社会建设论述摘编》，中央文献出版社2017年版，第6页。

放成果，激励人民更加自觉地投身改革开放和社会主义现代化建设事业”[①]。对此，党的十九大报告进行了明确的安排和部署。例如，在论及“发展”时强调，“必须坚持以人民为中心的发展思想，不断促进人的全面发展、全体人民共同富裕”[②]；在论及“发展社会主义民主政治”时指出，“人民当家作主是社会主义民主政治的本质特征”[③]，“发展社会主义民主政治就是要体现人民意志、保障人民权益、激发人民创造活力，用制度体系保证人民当家作主”[④]；在论及推动“社会主义文化繁荣兴盛”时说到，“满足人民过上美好生活的新期待，必须提供丰富的精神食粮”[⑤]；在论及“加强和创新社会治理”时要求，“全党必须牢记，为什么人的问题，是检验一个政党、一个政权性质的试金石”，“必须始终把人民利益摆在至高无上的地位”；改革发展成果要更多更公平惠及全体人民，“使人民获得感、幸福感、安全感更加充实、更有保障、更可持续”[⑥]，朝着实现全体人民共同富裕不断前进；在论及“建设美丽中国”时指出，“既要创造更多物质财富和精神财富以满足人民日益增长的美好生活需要，也要提供更多优质生态产品以满足人民日益增长的优美生态环境需要”[⑦]；在论及

① 《习近平谈治国理政》第 3 卷，外文出版社 2020 年版，第 182 页。
② 《习近平谈治国理政》第 3 卷，外文出版社 2020 年版，第 15 页。
③ 《习近平谈治国理政》第 3 卷，外文出版社 2020 年版，第 28 页。
④ 《习近平谈治国理政》第 3 卷，外文出版社 2020 年版，第 28 页。
⑤ 《习近平谈治国理政》第 3 卷，外文出版社 2020 年版，第 34 页。
⑥ 《习近平谈治国理政》第 3 卷，外文出版社 2020 年版，第 35 页。
⑦ 《习近平谈治国理政》第 3 卷，外文出版社 2020 年版，第 39 页。

"全面从严治党"时强调，"人民群众反对什么、痛恨什么，我们就要坚决防范和纠正什么"[①]；等等。所有这些战略安排和战略目标，都是坚持人民利益高于一切的结果。维护人民的利益是中国共产党一切工作的出发点和归宿的思想在经济社会发展各领域的具体体现，在人民生活各方面的现实展开。

中国特色社会主义进入新时代，我国社会主要矛盾已经转化为人民日益增长的美好生活需要和不平衡不充分的发展之间的矛盾。坚持以人民为中心，不断满足人民日益增长的美好生活需要是我们全部工作的出发点和立足点。习近平在十八届中央政治局常委同中外记者见面时的讲话中明确指出，"人民对美好生活的向往，就是我们的奋斗目标"[②]。2021 年 5 月，习近平又强调，"人民就是江山，共产党打江山、守江山，守的是人民的心，为的是让人民过上好日子。我们党的百年奋斗史就是为人民谋幸福的历史"[③]。党的十八大以来，中国共产党以"我将无我，不负人民"的情怀，坚持中国特色社会主义道路，实施精准扶贫，实现精准脱贫，推动乡村振兴，保障了全体人民的权益。进入新阶段以来，中国共产党贯彻新发展理念，构建新发展格局，抑制资本无序扩张，防范国际资本渗透，在全面建

① 《习近平谈治国理政》第 3 卷，外文出版社 2020 年版，第 48 页。

② 《习近平谈治国理政》第 1 卷，外文出版社 2014 年版，第 4 页。

③ 《习近平在推进南水北调后续工程高质量发展座谈会上强调 深入分析南水北调工程面临的新形势新任务 科学推进工程规划建设提高水资源集约节约利用水平》，《人民日报》2021 年 5 月 15 日。

成小康社会的基础上把促进全体人民共同富裕取得更为明显的实质性进展当作党的第二个百年奋斗目标的重要内容，真正做到始终与人民心心相印、同甘共苦，持续为人民群众办实事、办好事，解决人民群众最关心最直接最现实的利益问题，让人民群众有更多的获得感、幸福感、安全感。可见，坚持以人民为中心，主张人民对美好生活的向往就是中国共产党的奋斗目标，既存在于中国共产党人不可动摇的理念中，又体现在每日每时的实际工作中。